Distribution

Pour le Canada:

Les messageries ADP
955, rue Amherst
Montréal (Québec)
H2L 3K4
Tél.: (514) 523-1182

Pour la France:

Dilisco
122, rue Marcel Hartmann
94200 Ivry-sur-Seine
France
Tél.: (1) 49 59 50 50

Pour la Belgique:

Vander, s.a.
321, avenue des Volontaires
B-1150 Bruxelles (Belgique)
Tél.: (32-2) 762 9804

Pour la Suisse:

Diffusion Transat, s.a.
Route des Jeunes, 4ter
Case postale 1210
CH-1211 Genève 26
Tél.: (022) 342 7740

 IMPRIMÉ AU CANADA

Ouvrez votre esprit pour recevoir

Données de catalogage avant publication (Canada)

Ponder, Catherine

   Ouvrez votre esprit pour recevoir

   Traduction de: Open your mind to receive.

   ISBN 2-89225-304-7

   1. Succès. 2. Motivation (Psychologie). I. Titre.

BJ1611.2.P66214 1997   158   C97-941371-8

Cet ouvrage a été publié en langue anglaise sous le titre original:
OPEN YOUR MIND TO RECEIVE
Published by DeVorss & Company, Publisher
P.O. Box 550
Marina del Rey, CA 90294

Copyright © 1983 by Catherine Ponder
All rights reserved

©, Les éditions Un monde différent ltée, 1997
Pour l'édition en langue française

Dépôts légaux: 1er trimestre 1997
Bibliothèque nationale du Québec
Bibliothèque nationale du Canada
Bibliothèque nationale de France

Conception graphique de la couverture:
SERGE HUDON

Version française:
ANNIE DESBIENS & MIVILLE BOUDREAULT

Photocomposition et mise en pages:
COMPOSITION MONIKA, QUÉBEC

ISBN 2-89225-304-7

(Édition originale: ISBN 0-87516-225-9, DeVorss & Company, Marina del Rey, CA)

Catherine Ponder

Ouvrez votre esprit pour recevoir

Les éditions Un monde différent ltée
3925, Grande-Allée
Saint-Hubert (Québec), Canada
J4T 2V8

CHEZ LE MÊME ÉDITEUR

Dans la même collection:

La Télépsychique, Joseph Murphy
Le Mémorandum de Dieu, Og Mandino
Les Lois dynamiques de la prospérité, Catherine Ponder
Le Pouvoir triomphant de l'amour, Catherine Ponder
Eurêka!, Colin Turner
La Roue de la sagesse, Angelika Clubb
Le Secret d'une prospérité illimitée, Catherine Ponder
Ouvrez votre esprit pour recevoir, Catherine Ponder

En vente chez votre libraire ou à la maison d'édition
Prix sujets à changement sans préavis

*Si vous désirez obtenir le catalogue de vos parutions,
écrivez-nous à l'adresse suivante:
Les éditions Un monde différent ltée
3925, Grande-Allée
Saint-Hubert (Québec), Canada, J4T 2V8
ou composez le (514) 656-2660*

Table des matières

Introduction:

> Le temps est venu de recevoir
> *Une invitation de la part de l'auteure*....... 11
>
> Comment elle devint partie prenante de l'abondance universelle • Son acceptation mentale produisit des résultats • Cheminement personnel de l'auteure • Cheminement professionnel de l'auteure • Une invitation à recevoir.

Chapitre 1:

> Ouvrez votre esprit pour recevoir....... 21
>
> Comment une maîtresse de maison prospéra • Comment elle gagna un montant intéressant pour sa première année en affaires • Pourquoi un fabricant échoua • Comment un restaurateur s'identifia à l'échec • Comment un homme recouvra la santé en s'identifiant à Dieu • Comment s'identifier à sa source • La première façon de donner • La deuxième façon de donner • La troisième façon de donner • Celui qui n'est pas préparé à recevoir connaît la privation • Celui qui est préparé à recevoir connaît la prospérité • Elle se prépara à la richesse et y parvint • Préparez-vous en récitant les paroles

du juste retour des choses • Dernière étape: La libération • En résumé.

Chapitre 2:
Le don de libération................... 43
L'étonnant pouvoir de la libération • La libération guérit les blessures affectives • La libération produit des miracles dans le mariage • La libération: première étape vers la réussite • Un millionnaire guérit grâce à la libération • Le pouvoir de guérison de la libération • Comment la renonciation mena une femme vers un mariage heureux • Renoncer aux autres lui apporta travail et liberté • Les paroles de libération lui apportèrent la liberté • La réussite d'une enseignante qui dressa une «liste du pardon» • La renonciation amena la liberté dans la famille • Améliorez votre vie sur tous les plans • En résumé.

Chapitre 3:
Le don de prophétie................... 61
Première partie: La prophétie par le langage parlé • Comment le don de prophétie aida l'auteure de ce livre • Comment des paroles aboutirent à un mariage • Comment les mots amenèrent un cadeau d'orchidées • Comment Winston Churchill gagna la guerre avec des mots • Comment un camionneur indépendant réussit avec des mots • La deuxième façon de prophétiser avec des mots • Comment des paroles guérirent une femme • Comment prophétiser avec des mots • Deuxième partie: La prophétie par les images • Une compagnie d'assurances réussit grâce à l'imagination. Comment l'imagination rapporta un montant d'argent • Comment l'imagination lui donna le mari rêvé • Un homme d'affaires obtint le bonheur, la satisfaction et la prospérité • En résumé.

Chapitre 4:

    Le don de l'«idéal» 81

Comment une veuve prospéra • Comment un avocat réussit son examen du barreau • Le résultat d'une «conscience de première classe» • Comment un agent immobilier prospéra • Comment réclamer l'idéal • Des prêtres millionnaires • Les puritains croyaient à la prospérité • Comment une enseignante obtint l'idéal • Comment un médecin obtint des guérisons remarquables • L'attitude conditionne la guérison • Un nouveau travail et un nouveau mariage • Méditer sur l'idéal pour obtenir l'idéal • En résumé.

Chapitre 5:

    Le don de la «conscience des autres» 97

La loi de l'attraction • La veuve qui refusait de se libérer de la solitude • La «conscience des autres» peut apporter des changements • Pourquoi côtoyons-nous des gens à problèmes? • Comment l'auteure se libéra de gens à problèmes • Récitez les paroles de libération • Il faut aussi libérer les gens que l'on aime • La liberté affective amène souvent des changements • Comment se libérer de l'opinion d'autrui • Un médecin prouva que ce qui est bon pour un est bon pour tous • Ce qui est juste procure la sérénité • Que faire pour être heureux? • Comment l'auteure amena de nouvelles personnes dans sa vie • Égayez votre univers • En résumé.

Chapitre 6:

    Le don de croissance et de développement 115

Les trois étapes de votre croissance • Comment un homme d'affaires surmonta cette période • Le pouvoir enrichissant de la patience • La maturation: Une étape indispensable • Comment un jeune homme perdit son mieux-être • La croissance n'est pas une ligne droite • Comment surmonter les ténèbres de l'initiation • Les tournants de la vie: Un signe de croissance • Que faire en attendant la dernière étape du processus de croissance? • Comment récolter son mieux-être? • En résumé.

Chapitre 7:
Le don d'enrichissement 131

Le secret de l'enrichissement • Comment il doubla son revenu en une seule année • Comment fonctionne le secret de l'enrichissement • Les premiers millionnaires américains • Comment une femme remboursa sa dette • La découverte que fit un comptable • Pourquoi leur revenu diminua? • La pensée prospère ne suffit pas • La fascination du public pour le principe de la prospérité • Comment calculer la dîme • Comment un homme d'affaires fit la fortune de son église • Votre réussite dépend aussi du bénéficiaire de votre dîme • Qu'en est-il du don de charité? • Il faut demander conseil à Dieu avant de donner • La dispersion de vos dîmes risque de disperser vos résultats • Le pouvoir de prospérité du secret et de la libération • Conclusion: Une promesse d'heureux lendemains • Note de l'auteur • En résumé.

Introduction

Le temps est venu de recevoir
Une invitation de la part de l'auteure

---

*F*ace aux besoins matériels criants de notre monde d'aujourd'hui, vous vous interrogez peut-être sur la pertinence d'un livre qui porte sur le besoin de «recevoir». La plupart d'entre nous, en effet, jugent que le besoin de recevoir est tout naturel, surtout dans le contexte économique actuel où presque tout le monde a besoin de recevoir d'une façon ou d'une autre.

Pourtant, un psychiatre qui travaille avec une clientèle aisée m'a dit l'autre jour: «Un nombre étonnant de mes clients, tous des gens talentueux qui ont réussi, ressentent du mépris à l'égard d'eux-mêmes. Ils se sentent coupables d'avoir tant d'argent. Mon travail consiste à les aider à accepter leur chance et à en jouir.» Pour ses services, ce thérapeute reçoit 100 $ l'heure.

Une actrice célèbre disait récemment: «Je croyais qu'il fallait être pauvre pour être véritablement en quête de la vérité. Je sais aujourd'hui que c'est faux. On peut chercher la vérité tout en regardant à travers le hublot de son avion privé, ou en profitant d'une suite luxueuse d'un hôtel.»

À l'occasion d'une entrevue, quelqu'un lui demanda: «Comment pouvez-vous parler de valeurs spirituelles alors que vous êtes entourée de tant de beautés?»

Elle répondit: «La beauté et le luxe existent également dans le royaume de Dieu. Pourquoi alors ne pas en profiter? L'important, c'est de ne pas vendre son âme pour recevoir de telles bénédictions. Il faut plutôt évoluer spirituellement pour faire venir à soi ces grâces et les garder.»

Comment elle devint partie prenante de l'abondance universelle

La religion a souvent été synonyme de guérison grâce à la spiritualité. Règle générale, nous tenons pour acquis que Dieu est un Père aimant qui souhaite guérir notre corps mal en point. Si c'est le cas, pourquoi ce Père aimant ne désirerait-il pas regarnir notre portefeuille mal en point? Les grâces divines peuvent toucher autant nos finances que notre santé. Comme Dieu est la Source de l'approvisionnement de l'être humain, la prospérité véritable a un fondement spirituel. Par conséquent, le volet financier de la création de Dieu est tout aussi spirituel que les autres volets. «À Yahvé la terre et sa plénitude, le monde et tout son peuplement;», disait le Psalmiste. (Psaumes 24, 1)

Une femme d'affaires déprimait à propos de sa situation financière. Comme rien ne s'arrangeait, elle alla à la plage et y resta assise toute la journée et une bonne partie de la soirée. Durant la journée, elle prit conscience que toutes les plages du monde contenaient un nombre incalculable de grains de sable. Le soir venu, elle leva les yeux au ciel et se rendit compte qu'il contenait un nombre incalculable d'étoiles. Elle comprit que si tous les œufs pondus par les poissons de l'océan parvenaient à maturité, la mer déborderait sur les terres basses. Elle songea aussi aux feuilles des arbres qui, année après année, se multiplient.

Elle acquit une telle conscience de l'abondance de l'univers qu'elle s'exclama finalement: «*Oui! L'univers est somptueux, abondant et généreux. Et il est tout entier à ma disposition pour que j'en profite.*» Lorsqu'elle commença à se sentir partie prenante de l'abondance universelle, ses pensées cessèrent d'être limitées, et sa situation financière s'améliora rapidement.

Pourquoi accepter une existence misérable lorsque nous vivons dans un univers si abondant destiné à notre seul usage? Comme je le mentionne dans ma série *Les Millionnaires de la Bible*, les Saintes Écritures regorgent de telles promesses.

Son acceptation mentale produisit des résultats

Une femme d'affaires écrivait récemment:

> «J'ai découvert que, si vous obéissez aux lois de la prospérité, vous prospérerez, à condition d'apprendre à *accepter* cette abondance. J'ai fait beaucoup d'efforts pour vivre la prospérité et

apprendre à l'*accepter*. Voici quelques-uns des résultats que j'ai obtenus:

«Dans le secteur où je travaille, les augmentations de salaire sont rares et espacées. Pourtant, j'ai reçu de manière inattendue un montant d'argent qui, bénédiction supplémentaire, avait été négocié en ma faveur. Lorsque j'ai dû remplacer deux pneus de ma voiture, j'ai reçu la somme qu'il me fallait! Par ailleurs, on a commencé à me rembourser des sommes qu'on me devait depuis longtemps. Une fois, j'ai demandé une somme d'argent raisonnable; j'ai reçu quatre fois ce montant! Un accord financier de longue date commence également à se concrétiser. Mes relations avec les autres s'améliorent rapidement.

«L'endroit où j'habite a une immense pelouse. Je ne savais pas quoi faire pour qu'elle soit tondue régulièrement. J'ai offert au propriétaire d'utiliser un énorme espace de rangement que je possède. Il a accepté avec reconnaissance. En retour, il m'a offert d'entretenir la pelouse pour moi, et j'ai accepté avec reconnaissance.

«L'autre jour, quelqu'un avait besoin d'une photo de moi. J'ai dit: «Je n'en ai aucune, mais je vais voir ce que je peux faire.» Quelques semaines plus tard, un employé qui prend des photos pour l'entreprise où je travaille m'a offert de prendre gratuitement quelques bonnes photos de moi.

«Une autre fois, j'avais besoin de temps et j'ai décidé de donner de mon propre temps. Je récolte maintenant ma récompense. On m'a demandé de collaborer à la réalisation d'un bulletin pour l'entreprise où je travaille. Un mois après, j'étais nommée directrice de ce bulletin. Certains se demanderont: «Qu'y a-t-il de si extraordinaire là-dedans?» De quelle autre façon aurais-je pu parvenir à donner de mon temps et à recevoir en prime une formation qui s'avérera peut-être inestimable un jour?

«Je crois qu'aussitôt que je reçois de l'argent, je devrais m'asseoir, faire un chèque destiné à payer une dîme, puis le libérer. Cette habitude maintient et accroît mon mieux-être.

«Oui, je fais des efforts pour maintenir ma prospérité. C'est un concept tout à fait nouveau, alors je dois faire preuve de persévérance. Cependant, avec des résultats comme ceux dont je viens de parler (et il y en a eu beaucoup d'autres), cela en vaut la peine et les efforts. Ma vie a pris un élan fabuleux. Et j'en accepte tous les généreux avantages.»

Cheminement personnel de l'auteure

J'ai écrit mon premier livre sur le sujet, *Les Lois dynamiques de la prospérité** au début des années 1960 à Birmingham en Alabama. Cette ville est surnommée «la ville magique» et elle l'a vraiment été pour moi. J'ai commencé à écrire sur la prospérité alors que je vivais dans un appartement d'une pièce à Birmingham, dans les années 1950. Pendant que je terminais

---

* Publié aux éditions Un monde différent, édition revue et augmentée 1996.

mon premier livre, mon existence a connu une énorme expansion. Mon mieux-être a commencé par un mariage et un déménagement au Texas, près de l'université où mon nouvel époux enseignait.

De nombreuses années plus tard, après le décès prématuré de mon mari, ma vie a changé de nouveau. Au début des années 1970, j'ai déménagé encore, cette fois dans «la ville d'Alamo» au Texas. Je m'y suis remariée et j'ai écrit la suite de mon premier livre, tout en jouissant de ma toute première propriété à San Antonio. Ce livre s'intitulait *Open Your Mind to Prosperity**.

Maintenant, dans les années 1980, à un moment où ma vie se transforme de nouveau, il me semble opportun d'offrir à mes lecteurs la suite de mes deux premiers livres. J'écris le présent ouvrage depuis mon studio privé, situé tout près de notre demeure dans un quartier huppé de la magnifique région de Palm Desert-Palm Springs, dans le sud de la Californie. Quelle bénédiction d'avoir enfin l'espace et l'intimité nécessaires pour accomplir mes activités d'écriture, ainsi que le personnel adéquat pour m'aider dans les nombreuses étapes de mon travail.

Comme vous pouvez le constater, le cheminement qui m'a amené à ouvrir mon esprit à l'idée de recevoir s'est fait progressivement, avec le temps. J'ai confiance que ma croissance se poursuivra encore. Il y a sans nul doute d'autres prières à exaucer et d'autres rêves à réaliser. Je reçois beaucoup de courrier de

---

* À paraître prochainement en français aux éditions Un monde différent.

gens qui ont reçu un mieux-être beaucoup plus grand que le mien. Les histoires de ces gens me persuadent que le développement du mieux-être peut venir à quiconque utilise fidèlement les lois de l'abondance universelle de Dieu, année après année, de manière sincère et fidèle. Les résultats dépendent de la croissance spirituelle de chacun. De toute évidence, la philosophie de la réussite, dont je parle dans mes livres, n'a rien à voir avec ces méthodes risquées qui prétendent vous rendre riches rapidement. Ma philosophie est plutôt axée sur un processus de croissance dans lequel l'individu s'engage pour nourrir son âme et recevoir des bienfaits illimités et éternels.

Cheminement professionnel de l'auteure

Non seulement l'ouverture de mon esprit à l'idée de recevoir a apporté un mieux-être grandissant dans ma vie personnelle, mais elle m'a ouvert des portes sur le plan professionnel comme jamais je ne l'aurais cru possible.

Après avoir commencé à écrire sur le sujet, je me suis mise à donner des conférences dans la région de Palm Beach en Floride, une région qu'on appelle la «côte dorée». Depuis, j'ai eu la chance d'être invitée à donner des conférences sur les principes universels de la prospérité dans la plupart des grandes villes américaines (et dans un grand nombre de petites villes également). De Honolulu à La Nouvelle-Orléans, j'ai donné des interviews à la télévision et à la radio, sans compter de nombreuses entrevues à la presse écrite.

Les principes de l'abondance décrits dans le présent ouvrage m'ont aidée à servir efficacement une église du sud des États-Unis et à en fonder plusieurs autres à partir de rien. Mon ministère mondial actuel a des ramifications dans les 50 États américains et dans 47 pays étrangers. Mes livres sont maintenant traduits en plusieurs langues et les invitations à donner des conférences affluent de toutes les régions du monde. Je suis désolée de ne pouvoir accepter toutes les demandes qui me sont faites, mais je me réjouis de pouvoir continuer à explorer le sujet de l'abondance et à écrire à ce propos. Le courrier que je reçois de mes lecteurs de partout à travers le monde regorge d'histoires heureuses, dont quelques-unes se trouvent d'ailleurs dans ce livre. Ces histoires relatent comment des gens de toutes les couches de la société ont réussi à ouvrir leur esprit pour enfin recevoir. Et ces histoires expliquent comment *vous* pouvez y parvenir vous aussi!

Parmi les bienfaits qui sont venus embellir ma vie personnelle et professionnelle, précisons l'inclusion de mon nom dans *Who's Who* et *Social Register*, ainsi que l'obtention d'un doctorat honorifique.

Une invitation à recevoir

L'autre jour, un homme d'affaires a essayé de m'encourager dans mon travail en déclarant: «Je te souhaite beaucoup d'huile de coude!» Comment pouvait-il savoir à quel point son souhait était pertinent pour moi, puisque je tape énergiquement à la dactylo tous mes écrits sur la vérité prospère?

Le mot «prospérer», au point de vue étymologique, signifie «être favorisé par la fortune, le sort, quant à la santé, la situation matérielle ou morale.

Que ce livre vous encourage et ajoute un peu d'«huile de coude» à votre étude nouvelle des lois universelles de l'abondance. Même si vous les avez déjà mises en pratique auparavant ou si vous les appliquez actuellement, continuez, car elles vous aideront à ouvrir votre esprit à l'idée de recevoir encore davantage à tous les niveaux, à recevoir un mieux-être intégral. Et ces lois vous permettront également d'aider les autres.

L'application de ces lois est particulièrement pertinente en cette période économique où toute l'humanité se voit forcée de délaisser les méthodes de prospérité matérielle axées sur l'extérieur pour utiliser à leur place des méthodes de prospérité spirituelle et mentale axées sur l'intérieur. La prospérité devrait être considérée non plus sous un angle politique ou économique, mais comme un objet de compréhension et de croissance accrue. L'abondance véritable, dans tous les domaines de la vie, nous parvient lorsque nous développons une conscience de la prospérité. Or, la «conscience» résulte des idées dont on *nourrit* son esprit. Par conséquent, je vous invite à vous approprier les idées contenues dans cet ouvrage et à en *nourrir* votre esprit. Ce processus entraînera des résultats extérieurs appropriés.

Je vous invite à m'écrire ensuite pour me raconter votre expérience de l'abondance. C'est avec plaisir que je vous lirai et que je vous compterai parmi ceux qui «ouvrent leur esprit pour recevoir»!

Catherine Ponder
P.O. Drawer 1278
Palm Desert, California, 92261
U.S.A.

Chapitre 1

Ouvrez votre esprit pour recevoir

Pourquoi devrions-nous consciemment ouvrir notre esprit à l'idée de recevoir? Parce que la plupart d'entre nous se résignent sans raison à une existence pauvre et sans envergure. Ce faisant, nous empêchons notre mieux-être de se frayer un chemin jusqu'à nous. *Une existence pauvre n'a rien de divin. Un mode de vie limité et dénué d'envergure n'a rien de divin. Cela ne prouve rien de plus que la bêtise et l'ignorance de l'être humain qui, en fait, vit dans un univers d'une somptueuse abondance.* Tous ceux et celles qui mènent une vie pauvre et sans envergure ne révèlent pas leur nature véritable. Ils ne font que se mentir à eux-mêmes.

Si vous menez ce genre d'existence, vous pouvez faire quelque chose pour la changer!

Le mot «recevoir» signifie «accepter». Les psychologues affirment que l'on peut avoir tout ce que l'on peut accepter mentalement, mais qu'il faut d'abord l'accepter. L'acte de recevoir repose en grande partie sur l'acte d'accepter mentalement le mieux-être désiré, plutôt que de s'y opposer.

Lors d'une séance de signature de livres, un homme d'affaires bien intentionné me demanda:

«Toutes les histoires de réussite que l'on trouve dans vos livres sont-elles véridiques? Je parie que *quelques-unes* d'entre elles sont inventées.

– Pourquoi me demandez-vous ça?», rétorquai-je.

– Parce qu'elles semblent trop belles pour être vraies.

– Dites-moi, depuis combien de temps lisez-vous des livres sur le pouvoir de la pensée prospère?», demandai-je.

– Oh, seulement depuis un mois», répondit-il.

Voilà qui expliquait son scepticisme. Il était encore tellement conditionné par les croyances limitées de ce monde qu'il n'avait pas encore appris que «rien n'est trop beau pour être vrai».

Je lui expliquai que, pour chaque cas de réussite raconté dans mes livres, il y en avait des dizaines d'autres dont je ne faisais pas mention. Les résultats de la pensée prospère sont si nombreux qu'il m'est impossible de les rapporter tous. (Et tous ceux qui me sont rapportés ne représentent qu'une fraction des expériences heureuses vécues par les gens qui ont mis en application les idées que je suggère).

Ce jeune homme en était encore à essayer d'ouvrir son esprit à l'idée de recevoir. Il essayait d'accepter mentalement la croyance qu'un mieux-être illimité constitue son héritage. Pour l'aider en ce sens, je lui suggérai de réciter cette phrase bien connue pendant au moins cinq minutes par jour: ***Rien n'est trop beau*** *pour être vrai. Rien n'est trop merveilleux pour se réaliser. Rien n'est trop bon pour durer.»*

Comment une maîtresse de maison prospéra

Une maîtresse de maison raconta un jour: «Même si j'ai étudié pendant des années le pouvoir de la pensée prospère, et que cette philosophie a grandement amélioré ma vie, j'ai récemment découvert une chose que je faisais incorrectement. J'affirmais que je vivais avec un «revenu fixe». J'essayais de faire venir vers moi plus de ressources financières d'une façon précise. Mais mon esprit n'était pas ouvert à la possibilité qu'un approvisionnement illimité me parvienne par d'innombrables façons.

«Lorsque j'ai pris conscience de mon erreur, j'ai récité ces mots sans cesse, à voix haute, et pendant une longue période: «*Je reçois. Je reçois dès maintenant. Je reçois dès maintenant toute la richesse que l'univers me réserve.*»

«Quelques heures plus tard, j'ai reçu un appel téléphonique d'une entreprise de câblodistribution nouvellement installée dans ma ville. Son directeur m'invitait à venir le rencontrer pour discuter de la possibilité de réaliser un certain nombre d'émissions pour enfants basées sur le matériel que j'avais déjà préparé pour les enfants handicapés ou en difficulté d'apprentissage.

«Je me suis présentée à l'entrevue et j'ai décroché cet emploi qui me procurera un revenu important. Alors que je continuais à affirmer que je recevais, l'entreprise de mon mari retraité a rapidement pris de l'essor. Plusieurs clients sont venus le voir avec des meubles à réparer et toutes ces commandes vont le tenir occupé et heureux pendant un bon bout de temps.»

Chaque jour, cette femme continuait d'affirmer qu'elle recevait. Plus tard, elle raconta: «L'argent semble affluer de tous les coins de l'univers. Je viens tout juste de vendre un film pour enfants qui sera présenté dans les écoles pour divertir les enfants de la maternelle et les jeunes défavorisés. De plus, un film sur les jeux pour enfants que j'ai réalisé il y a plusieurs mois est maintenant sur le marché, et les commandes commencent à arriver en grand nombre chez le distributeur. Tout cela est survenu après que j'ai commencé à préparer chaque jour mon esprit à l'idée de recevoir.»

Beaucoup de gens s'opposent à leur mieux-être plutôt que de l'accepter. Ils croient bêtement qu'ils ne peuvent pas l'obtenir et qu'ils ne devraient pas le réclamer. Cette attitude n'est pas celle d'un enfant de Roi. Ne vous encombrez pas de telles idées fausses.

Comme cette maîtresse de maison, adoptez plutôt l'attitude inverse et voyez ce qui advient lorsque vous ouvrez votre esprit à l'idée de recevoir.

Comment elle gagna un montant intéressant pour sa première année en affaires

Nous entendons souvent dire qu'il faut donner, mais moins souvent qu'il faut recevoir. Pendant la période de Noël, par exemple, l'accent est mis sur la nécessité de donner, donner, donner. Avec pour résultat que beaucoup de gens sont gênés de recevoir.

La nécessité de donner ne représente qu'une moitié de la loi de l'enrichissement. L'autre moitié réside dans la nécessité de recevoir. On peut donner, encore et encore, mais on risque de déséquilibrer la loi si on ne s'attend pas également à recevoir. Beaucoup de gens causent un déséquilibre à la loi de l'abondance en ne demandant pas de recevoir. Et, justement, ils ne reçoivent rien.

Comme je l'ai déjà raconté dans *Open Your Mind to Prosperity*, une dame très belle et élégante me raconta un jour: «Lorsque j'ai commencé à étudier la pensée prospère, j'ai prospéré si rapidement que j'en étais ébahie. Je venais tout juste de divorcer et il me restait à peine de quoi vivre pendant quelques mois. J'ai décidé de tenter ma chance et j'ai investi cette somme pour me lancer, modestement, en affaires.

«J'avais prévu que ma nouvelle entreprise me rapporterait un certain chiffre d'affaires au cours de la première année. Au lieu de cela, j'en ai gagné sept fois plus. Je prévois cette année doubler mon chiffre d'affaires.»

Si je raconte de nouveau l'histoire de cette dame dans le présent ouvrage, c'est pour réfléchir sur la dernière phrase qu'elle m'a dite: «Mon plus gros problème a été d'essayer de ne *pas* me sentir coupable de tant recevoir.»

C'est pour son bon plaisir que votre Père vous donne le royaume, et c'est pour votre bon plaisir que vous devriez le recevoir.

Pourquoi un fabricant échoua

Un article de journal rapportait la faillite d'un fabricant de tee-shirts. L'article en donnait la raison: voulant faire une blague, le fabricant avait imprimé le slogan suivant sur le dos de tous ses tee-shirts: «Y a pas que l'argent dans la vie.»

Cet homme ne pouvait accepter mentalement l'idée de la prospérité sous forme d'argent. Il n'avait pas ouvert son esprit à l'idée de recevoir. Et, évidemment, il ne recevait rien. Vous avez peut-être déjà entendu ce mot d'esprit qui dit l'inverse du slogan précédent: «Y a pas que l'argent dans la vie. Y a aussi la faim, la misère et la pauvreté.»

Faites attention à toutes les choses que vous remarquez, dont vous parlez ou dont vous vous préoccupez, car c'est à elles que vous vous identifiez et c'est elles que vous attirez dans votre vie.

Toutes les choses que vous remarquez, vous les invitez à s'introduire dans votre vie.

Toutes les choses dont vous parlez, vous les invitez à entrer dans votre vie.

Toutes les choses auxquelles vous vous identifiez en esprit, en paroles ou en gestes, vous les invitez à pénétrer dans votre vie.

Si vous remarquez la guerre, le crime, la maladie, les problèmes d'argent et le désordre, que vous en parlez et que vous vous y identifiez, vous les invitez à s'introduire dans votre vie. Par la loi de l'action de la pensée, ces choses viendront.

Comment un restaurateur s'identifia à l'échec

Il était une fois un restaurateur qui se croyait à la veille de tout perdre. Il m'invita à manger dans son restaurant. À mon arrivée, je vis immédiatement pourquoi son commerce périclitait. Son restaurant baignait dans une atmosphère lugubre et peu invitante. Je lui suggérai donc d'égayer l'endroit s'il voulait que les gens viennent y manger et s'y détendre.

À mon départ, je découvris une autre raison expliquant ses problèmes d'argent. Près de la caisse enregistreuse se trouvait une affiche sur laquelle on pouvait lire la «blague» suivante: «Cette entreprise est à but non lucratif. Nous ne l'avions pas planifiée ainsi. Mais c'est ainsi que l'entreprise a abouti.»

Cette blague avait déteint sur le restaurateur. Il s'était mentalement identifié aux mots «non lucratif» et les avait introduits dans sa vie. Je lui suggérai donc de jeter cette affiche et d'arrêter de parler du manque d'argent s'il voulait prospérer.

Lorsque l'on s'identifie à un certain état d'esprit, c'est cet état d'esprit que l'on attire dans sa vie et ses affaires; il faut donc être prudent. Que vous le vouliez ou non, vous invitez dans votre vie toutes les choses que vous remarquez, qui vous préoccupent, dont vous parlez, et qui vous bouleversent.

Pour ouvrir votre esprit à l'idée de recevoir, portez votre attention sur les choses que vous désirez, et sur aucune autre.

Comment un homme recouvra la santé en s'identifiant à Dieu

Un jour, je fus invitée à dîner chez un célèbre métaphysicien, dans sa «maison sur la colline» qui surplombe Los Angeles. Me trouvant dans la région pour prononcer une conférence, son invitation à dîner m'étonna, car je savais qu'il avait subi une importante intervention chirurgicale à peine quelques semaines auparavant. Plusieurs de ses connaissances prédisaient même qu'il était un homme fini et qu'il allait devoir prendre sa retraite pour des raisons de santé.

Quoi qu'il en soit, lorsque j'arrivai à sa magnifique résidence, il m'accueillit avec amabilité. Peu après, d'autres amis se joignirent à nous et nous passâmes une agréable soirée ensemble, discutant et nous rappelant des souvenirs. Personne ne fit allusion à la récente intervention chirurgicale de notre hôte, ni à son état de santé.

Malgré les sombres prédictions qu'on faisait à son sujet, cet homme effectua un retour extraordinaire à la fois sur le plan de la santé et dans sa vie professionnelle. Il fut bientôt invité à devenir membre d'une église encore plus prestigieuse que celle qu'il avait servie jusqu'alors. Par la suite, il écrivit plusieurs livres qui servirent de base à une série de conférences prononcées un peu partout à travers le monde. Alors qu'il était en voyage, j'eus le plaisir d'être un des ministres du culte invité dans son église, par ailleurs en pleine expansion.

Cet homme maintint ce rythme effréné pendant plusieurs années. Il parla plusieurs fois par semaine autant dans sa propre église qu'ailleurs. Il anima une émission radiophonique, une tribune téléphonique d'union de prières et, à l'occasion, une émission de télévision. Il écrivit toujours un livre par année. Ce n'est que quinze ans plus tard qu'il prit finalement sa retraite. Lorsqu'il mourut à l'âge de 86 ans, il avait survécu à la plupart des membres de sa famille, de ses amis et de ses collègues de travail de longue date.

Il y a plus de 20 ans, durant cette période où tous disaient qu'il était fini, cet homme, en s'identifiant à son mieux-être, ouvrit consciemment son esprit pour recevoir la santé. Il la recouvra (alors que les «autres» prédisaient le contraire) en se concentrant sur des choses agréables et heureuses, plutôt qu'en s'apitoyant sur les difficiles opérations qu'il venait de subir.

Comment s'identifier à sa source

Ouvrez votre esprit pour recevoir et dites vos désirs à Dieu plutôt qu'aux autres.

En révélant vos désirs aux autres, vous risquez de dilapider votre mieux-être, car c'est Dieu – et personne d'autre – qui est la source de votre prospérité illimitée. Même si votre substance universelle vient à vous par l'entremise de personnes, d'idées ou de circonstances, c'est Dieu qui en est la source car c'est Lui qui crée ces idées et ces circonstances. Par la loi de l'action de la pensée, c'est Lui qui contribue à attirer vers vous les personnes et les circonstances appropriées, lesquelles engendrent à leur tour les idées et les occasions qui vous apportent votre mieux-être.

Voici une affirmation que vous pourriez utiliser souvent pour parvenir à vous identifier à la source de votre mieux-être: «*Mon mieux-être ne dépend ni des autres ni des circonstances. Dieu est la source de ma prospérité illimitée et il prévoit des voies incroyables pour que mon mieux-être vienne à moi dès maintenant.* »

La première façon de donner

Avant de recevoir, il faut donner. Lorsque vous voulez recevoir, donnez! Rappelez-vous cependant qu'il existe trois façons de donner et qu'elles sont tout aussi essentielles les unes que les autres à votre croissance et à votre réussite à long terme.

Première façon. Donnez à Dieu. Placez-le en tête de liste sur le plan financier. Pourquoi? Comme l'expliquent le bouddhisme et d'autres religions, la capacité de donner à Dieu est la première qualité à cultiver chez une personne qui chemine vers la Lumière. Beaucoup de gens consciencieux étudient la pléthore de méthodes de croissance personnelle qui existent, sans toutefois arriver à obtenir les résultats escomptés. C'est parce qu'ils ne connaissent pas l'importance de donner à Dieu.

Il existe toutes sortes de méthodes pour devenir riche rapidement. La plupart échouent, car elles sont axées sur la nécessité d'«obtenir» plutôt que sur la nécessité de «donner». Ces méthodes n'ont aucun fondement spirituel. En fait, si beaucoup de gens ne parviennent pas à recevoir leur mieux-être, c'est parce qu'ils ne donnent ou ne redonnent pas à l'univers, de façon systématique et anonyme, une partie de ce que l'univers partage avec eux.

Un jour, deux hommes d'affaires de Chicago me racontèrent qu'ils exploitaient dans cette ville une franchise offrant un cours sur la réussite, un des plus populaires du genre aux États-Unis. L'inscription à ce cours coûtait des milliers de dollars. Après avoir prospéré pendant un certain temps, ces deux hommes firent faillite. Ils comprirent finalement pourquoi : leur cours était essentiellement axé sur la nécessité d'« obtenir » – et non sur la nécessité de « donner ». Le cours n'abordait pas l'aspect spirituel de la prospérité et n'enseignait pas aux élèves à mériter la prospérité en payant une dîme afin de retourner à l'univers le dixième de ce qu'ils recevaient. Lorsque ces deux hommes se joignirent à une des églises de la Nouvelle Pensée de Chicago et qu'ils placèrent Dieu en tête de liste sur le plan financier, leur situation financière se stabilisa et ils commencèrent à prospérer pour de bon.

Quiconque garde pour lui ce qui appartient à l'univers provoque un déséquilibre dans sa vie et connaît une privation sous une forme ou une autre : manque d'approvisionnement, de santé, d'amour, de compréhension spirituelle, de sens à donner à sa vie. C'est seulement en laissant tomber notre petitesse que nous pouvons tendre à une vie plus grande.

Donc, il ne suffit pas de *dire* que vous considérez Dieu comme la Source de votre approvisionnement (tel que suggéré précédemment). Il faut également le démontrer en partageant d'abord avec Lui et ainsi rester en contact avec une source d'abondance universelle.

Lorsqu'il donnait le conseil suivant, le milliardaire Salomon révélait tout ce que l'usage judicieux de cette ancienne méthode de réussite pourrait signifier pour vous : « Fais honneur à Yahvé de tes biens et des prémices de tout revenu; alors, tes greniers regorgeront de blé et tes cuves déborderont de vin nouveau. » (Proverbes 3, 9-10)

Le chapitre 7 explique plus en détail cette méthode de réussite qui vous aidera à ouvrir votre esprit pour recevoir.

La deuxième façon de donner

Deuxième façon. Donnez à vous-même. Eh oui, ouvrez votre esprit à l'idée de recevoir en donnant à vous-même, car *tous les progrès commencent par l'amélioration de soi.* En effet, il est aussi possible de ne pas donner suffisamment à soi-même, comme il est possible de trop donner aux autres. Ce faisant, on déséquilibre la loi tout en entravant son mieux-être. *Il faut se concentrer sur l'amélioration et le développement de soi avant de pouvoir aider les autres.*

On ne peut donner aux autres que si on a quelque chose à donner. On doit d'abord et avant tout acquérir la force, la sagesse et la substance avant de pouvoir partager ces qualités avec autrui. Il existe des gens mal avisés qui trouvent égoïste de mettre l'accent sur l'amélioration de soi. Pourtant, *ce n'est qu'après s'être amélioré qu'on peut aider les autres.*

Lorsque vous faites le contraire, c'est-à-dire lorsque vous donnez trop aux autres et pas assez à vous-même, vous vous sentez diminué et vous l'êtes en réalité. Vous éprouvez alors un sentiment de privation qui humilie et limite. À cause de cela, le fait de trop donner aux autres équivaut à s'autodétruire. Rien de constructif n'en résulte.

Les psychologues parlent des parents qui commettent en quelque sorte un sacrilège en donnant trop à leurs enfants. Ce faisant, les parents s'épuisent et ne font qu'étouffer les talents de leurs enfants. Le fait de trop donner nuit à toutes les personnes concernées. En cette «ère de permissivité», nous avons été témoins du résultat dévastateur de cette habitude de donner excessivement: les enfants sont confus et déroutés.

À l'autre extrême, mon père, bien qu'à contrecœur, donnait le moins possible à ses enfants, car c'est ainsi qu'il avait été élevé. Cela nous causa bien des privations et il m'a fallu des années pour surmonter cette conscience de la pauvreté qui en a résulté. Par conséquent, essayons aujourd'hui de rétablir un heureux équilibre.

Les anciens philosophes conseillaient: «Sois toujours fidèle à toi-même.» Offrez-vous immédiatement quelque chose: un nouveau livre que vous souhaitez lire; un vêtement ou un bijou; un objet pour le bureau ou la maison; une sortie au restaurant, au théâtre, à une fête; des vacances; un moment privilégié dans la journée où vous pouvez prier, méditer, étudier quelque chose d'inspirant. Le présent que vous vous offrez peut être quelque chose de petit ou de gros, de tangible ou d'impalpable.

La troisième façon de donner

Troisième façon. Après avoir donné à Dieu et à soi-même, il faut ensuite donner à autrui. Lorsque vous aurez donné quelque chose à quelqu'un, bénissez ce que vous avez donné. Bénissez également la ou les personnes à qui vous l'avez donné. Ensuite, libérez à la fois le cadeau et la personne qui l'a reçu. *Tout homme, femme ou enfant peut transformer sa vie en transformant ce qu'il donne à Dieu, à lui-même et aux autres.*

Si vous ne savez pas quoi donner, récitez les paroles suivantes: «*Je donne sous l'inspiration divine.*» Voyez alors les intuitions et les idées qui surgiront. Elles vous dicteront quoi donner, où et à qui.

Une grande partie des grâces que vous désirez ardemment est à votre portée! En donnant, vous leur ouvrez la voie. *Ces grâces essayaient sans doute déjà de vous parvenir, mais elles étaient bloquées par votre incapacité de donner.* Elles n'avaient aucune voie par où passer.

En donnant sous l'inspiration divine, vous libérez la voie aux grâces désirées. Un professeur qui m'enseigna la prospérité il y a longtemps disait souvent: «Il faut d'abord donner à Dieu. Puis il faut donner à l'humanité conformément à Ses directives.»

Celui qui n'est pas préparé à recevoir connaît la privation

Lorsque vous aurez donné à Dieu, à vous-même et aux autres, soyez prêt à recevoir en vous y préparant.

Certains disent: «Je donne sans m'attendre à recevoir en retour.» Et, justement, ils ne reçoivent rien.

Une dame insatisfaite de son sort expliquait: «Je donne un cours privé de prospérité à mon domicile et je n'accepte aucune offrande. Je donne, mais je ne crois pas devoir m'attendre à recevoir en retour.» Et, justement, elle ne recevait rien, et en était amère.

Or, elle avait raison d'éprouver du ressentiment, car elle déséquilibrait la loi de l'enrichissement en donnant, donnant et donnant, mais en n'ouvrant pas la voie pour recevoir.

On fit remarquer à cette dame que l'enseignement d'un tel cours était bien; toutefois, non seulement elle ne recevait pas son dû, mais elle n'aidait pas ses élèves à recevoir le leur, car elle leur donnait l'impression qu'ils pouvaient obtenir quelque chose sans rien donner en retour.

Cette femme aurait dû exiger un tarif considérable pour son cours ou inciter ses élèves à démontrer la loi de l'enrichissement en les invitant à donner des dîmes et des offrandes généreuses en guise d'appréciation pour l'instruction inestimable qu'ils recevaient. Avec son attitude craintive, elle se leurrait et elle leurrait ses élèves.

Celui qui est préparé à recevoir connaît la prospérité

On raconte que, dans les débuts du mouvement Unity, un métaphysicien vint parler aux employés de la Unity School of Christianity, réunis au siège social, situé à l'époque à Kansas City au Missouri. C'est le cofondateur du mouvement Unity, Charles Fillmore, qui présenta le conférencier invité. Au début de son exposé, ce conférencier bien intentionné mais un peu imbu de lui-même affirma: «Dans mon ministère, nous ne faisons pas circuler de plateaux d'offrandes. Nous en laissons un à l'arrière de la pièce et si quelqu'un désire donner quelque chose, le plateau est là. Mais je n'insiste pas sur le don.»

Toujours selon cette histoire maintes fois racontée, le discours du conférencier s'arrêta là! Car Charles Fillmore se rendit au lutrin et dit: «Vous pouvez penser et dire ce que vous voulez dans votre organisation. En ce qui nous concerne, nous croyons au plateau d'offrandes, car nous connaissons la loi du don et du juste retour des choses. Non seulement nous faisons circuler le plateau lors de nos rencontres, mais chaque fois le plateau est rempli à ras bords. Nos membres veulent donner afin de prospérer et d'aider leur mouvement à prospérer.»

Ce n'est pas pour rien que Charles Fillmore a acquis la réputation d'être un des «pionniers de la pensée positive» et que le mouvement qu'il a fondé avec d'autres, Unity, ait été couronné de succès et ait inspiré des millions de personnes au fil des ans.

Constatez à quel point les différentes attitudes engendrent différents résultats. D'un côté, ce conférencier qui ne croyait ni n'enseignait la loi universelle du don et du juste retour des choses. Il avait peu d'élèves. De l'autre, Charles Fillmore qui croyait en l'enseignement de la loi universelle du don et du juste retour des choses. C'est ainsi qu'il se retrouva à la tête d'une organisation prospère qui aide un nombre incalculable de gens partout dans le monde.

Abandonnez toutes vos idées fausses sur le juste retour des choses. Ce que vous recevez n'enlève rien aux autres. Nous vivons dans un univers d'une telle abondance qu'il y en a amplement pour tous.

Elle se prépara à la richesse et y parvint

Un jour, la propriétaire d'une école de maintien et mère de jeunes enfants devint veuve. Les gens disaient sans cesse: «C'est une jeune personne charmante, mais aucun homme ne voudra épouser une femme qui a autant d'enfants. C'est une trop grande responsabilité financière.»

Cette veuve séduisante ne prêtait aucune attention à ce genre de propos. Elle enseignait les principes de la prospérité dans ses cours de maintien. Elle disait à ses élèves qu'ils devaient développer une conscience prospère afin d'avoir du charme et du succès dans tous les domaines de leur vie.

Cette femme fit tout ce qu'elle avait à faire afin de se préparer à recevoir une vie meilleure. Elle s'acheta un tailleur doré très extravagant qu'elle portait constamment et qui lui avait coûté 200 $, une somme considérable à l'époque. Une fois par semaine, elle m'invitait à dîner, toujours dans les meilleurs restaurants, alors qu'elle avait parfois à peine de quoi payer notre repas.

Le fait de se préparer à une vie meilleure a-t-il aidé cette femme à recevoir son mieux-être? Jugez-en par vous-même en lisant la suite de son histoire. Elle épousa un veuf venant d'une vieille famille aisée. En plus de ses quatre enfants à lui, cet homme s'occupa de ses trois enfants à elle et, quelque temps plus tard, ils en eurent un autre: huit enfants en tout.

Alors que son entourage parlait de privations et de limites, cette veuve se prépara tranquillement au contraire, et elle récolta les fruits de sa préparation! Il est intéressant de noter qu'aucune des personnes qui essayèrent de limiter mentalement son avenir ne parvint à attirer la richesse pour elles-mêmes – ni par le travail acharné, ni par leur union, ni par une «manne tombée du ciel». Sans le savoir, les pensées limitées que ces personnes nourrissaient au sujet de cette veuve se retournèrent contre eux.

Préparez-vous en récitant les paroles du juste retour des choses

Si beaucoup de gens voient leurs prières rester sans réponses, c'est parce qu'ils demandent sans cesse en prières sans y donner suite en se préparant à recevoir.

Lorsque vous vous serez préparé à recevoir, vous serez prêt pour l'étape suivante:

Récitez les paroles du juste retour des choses (comme le fit la maîtresse de maison mentionnée précédemment). En déclarant chaque jour que vous recevez, vos paroles imprimeront cette croyance dans votre inconscient, qui se mettra dès lors à collaborer pour vous aider à recevoir.

Pour éviter de vivre une existence pauvre et sans envergure, récitez consciemment les paroles du juste retour des choses. Chaque jour, affirmez: «*Je reçois. Je reçois dès maintenant. Je reçois dès maintenant toute la richesse que l'univers me réserve.*»

Un homme d'affaires se mit à réciter ces paroles, et en une année il multiplia par huit son revenu.

Un autre homme d'affaires raconte qu'il reçut des chèques inattendus de 1000 $ ou plus chaque fois qu'il déclara régulièrement: «*Tout ce qui m'appartient par droit divin me parvient dès maintenant, rapidement, richement et librement. Je reçois dès maintenant.*»

Dernière étape : La libération

Comme le rapporta un enseignant intéressé au mysticisme pratique : « Ceux qui étudient la prospérité doivent apprendre à libérer au moment opportun le travail qu'ils ont effectué intérieurement, puis à se détendre pour laisser venir les résultats extérieurs. »

À plusieurs occasions dans ma vie, un mieux-être accru m'est parvenu (après de longues périodes de travail intérieur) au moment même où je sentais qu'il fallait tout libérer pour récolter des résultats parfaits : la fin d'un livre ; des changements heureux dans mon domicile ou dans mon travail ; un meilleur revenu ; des maisons plus grandes. Tout cela se réalisait lorsque j'avais effectué un travail à l'intérieur de moi, que je me relaxais et que je lâchais prise.

Lorsque vous aurez récité les paroles du juste retour des choses pendant un certain temps, déclarez que vous avez *effectivement* reçu et libérez le tout. Tenez pour acquis qu'un mieux-être supérieur vous appartient déjà puisque vous l'avez intérieurement réclamé. Ce faisant, vous incitez votre mieux-être à apparaître extérieurement, sous forme de résultats visibles, au moment divinement propice, de façon généreuse et appropriée.

Lorsque vous aurez atteint ce point de libération, déclarez : *« Tout est terminé. Tout est accompli. Je rends grâce pour ce que j'ai reçu et je suis reconnaissant que mon mieux-être me parvienne au moment divinement propice, de façon généreuse et appropriée. »*

Puis, à mesure que vous vous détendez et que vous lâchez prise, ce processus peut paver la voie à des résultats illimités.

EN RÉSUMÉ

1. Le mot «recevoir» signifie «accepter». Les psychologues affirment que nous pouvons avoir tout ce que nous pouvons accepter mentalement, mais qu'il faut d'abord l'accepter.

2. Nous entendons souvent dire qu'il faut donner, mais moins souvent qu'il faut recevoir. Avec pour résultat que beaucoup de gens sont gênés ou même réticents de recevoir.

3. La nécessité de donner ne représente qu'une moitié de la loi. La nécessité de recevoir en constitue l'autre moitié. Beaucoup de gens déséquilibrent la loi en donnant trop. Beaucoup de gens déséquilibrent la loi de l'abondance en ne s'attendant pas à recevoir.

4. C'est pour son bon plaisir que Dieu vous donne le royaume, et c'est pour votre bon plaisir que vous devriez le recevoir.

5. Les choses que vous remarquez et dont vous parlez, vous les invitez à s'introduire dans votre vie. Les choses auxquelles vous vous identifiez en pensée, en paroles ou en actions, vous les invitez à pénétrer dans votre vie.

6. Ouvrez votre esprit pour recevoir en vous identifiant au mieux-être.

7. Ouvrez votre esprit pour recevoir et dites vos désirs à Dieu plutôt qu'aux autres. En révélant vos désirs aux autres, vous risquez de dilapider votre mieux-être, car Dieu est la source de votre

mieux-être alors que les autres n'en sont que les moyens.

8. Lorsque vous voulez recevoir, donnez. Il existe trois façons de donner. *Les trois* sont essentielles:

    a) Donnez à Dieu. Placez-le en tête de liste sur le plan financier. C'est la première qualité à cultiver dans votre cheminement vers la Lumière.

    b) Donnez à vous-même. Il faut s'améliorer soi-même avant d'aider les autres à s'améliorer.

    c) Donnez quelque chose à quelqu'un.

9. Soyez prêt à recevoir. Préparez-vous à recevoir.

10. Ensuite, prononcez chaque jour les paroles du juste retour des choses. Ainsi, de par votre nature humaine, vos pensées et vos émotions coopéreront et travailleront en votre faveur. Finalement, déclarez que vous avez *effectivement* reçu, puis libérez le tout. Ainsi, votre mieux-être accumulé quitte le monde de l'invisible et se transforme en résultats visibles.

Chapitre 2

Le don de libération

*M*aintenant que vous avez ouvert votre esprit pour recevoir de façon générale, que vous avez appris à vous détendre et à faire l'expérience d'un plus grand mieux-être, vous devez vous montrer plus précis et ouvrir votre esprit pour recevoir des dons spéciaux de façon précise. Il existe des gens qui veulent accroître leur mieux-être, mais qui ne font que le désirer et le vouloir. En pratique, ils ne font rien pour *accepter* les choses qu'ils veulent et désirent.

Vous possédez plusieurs dons que vous n'avez peut-être pas encore reçus parce que vous ne saviez pas que vous les aviez. Un de vos plus grands dons, c'est celui de la libération. Le mystique Moïse connaissait ce don et demandait à ses disciples de s'en servir systématiquement pour leur prospérité.

Dans l'Ancien Testament, chaque septième année était «l'année de remise» (Deutéronome 15, 9). C'était une période où chaque créancier cessait de réclamer le paiement de ce qui lui était dû. Tous les sept ans, les Hébreux effaçaient littéralement toutes les dettes.

En dépit du fait que les Hébreux donnaient avec excès d'une multitude de façons, ils n'en étaient pas appauvris; au contraire, ils jouissaient d'une formidable prospérité. Ils sont même devenus un peuple de millionnaires.

Le don de libération existe dans tous les aspects de votre vie: mental, affectif ou physique. Plus vous l'utiliserez, plus vous découvrirez que, loin de vous appauvrir, il enrichira votre existence bien au-delà de ce que vous auriez pu imaginer.

L'acte de libération est un des moyens les plus efficaces d'ouvrir son esprit pour recevoir. Il vous libère de l'oppression, de la tension et de la cupidité. L'acte de libération vous aidera à devenir une voie ouverte et réceptive par laquelle l'intelligence universelle vous parviendra afin de vous débarrasser des choses dont vous n'avez plus besoin et, par le fait même, de laisser place à un mieux-être nouveau et accru.

Pourquoi la libération est-elle un don à ce point inestimable?

La libération a un rôle double. *Premièrement*, elle efface les erreurs de votre vie. *Deuxièmement*, elle accroît votre mieux-être. *La renonciation d'une chose dans votre vie indique toujours l'arrivée de quelque chose de mieux!*

Vous ne devez jamais craindre de laisser aller. L'acte de libération ne vous fait pas perdre ce qui vous appartient déjà. Au contraire, il libère la voie à un mieux-être accru.

Les gens disent parfois: «J'ai peur du mot «libération.» Comment m'assurer que mon subconscient libérera la bonne chose?»

Votre subconscient sait comment vous libérer de ce qui vous embarrasse le plus, que vous en soyez conscient ou non. L'acte de libération fait aussi appel à votre «surconscience», ou Esprit du Christ, qui, elle, est remplie de l'intelligence universelle. Elle sait toujours quoi libérer. Vous pouvez sans crainte réciter les paroles de libération lorsque vous demandez à l'Esprit du Christ se trouvant à l'intérieur de vous de faire la libération dans votre vie.

L'étonnant pouvoir de la libération

Des choses intéressantes me sont arrivées pendant une période où j'utilisais quotidiennement ces phrases: «*Le Christ en moi me libère dès maintenant de tout ressentiment et de tout lien me rattachant aux personnes, aux lieux ou aux objets du passé et du présent. Je prends dès maintenant ma véritable place avec les véritables personnes et avec la véritable prospérité.*»

À cette époque, je n'habitais pas un appartement de mon choix. C'est mon fils, alors adolescent, qui avait trouvé cet appartement parfaitement adapté à ses besoins; pour ma part, je n'y étais nullement attachée. Au milieu des années 1960, mon fils s'engagea dans la force militaire du pays et je me retrouvai seule dans «son» appartement, lequel disposait de chambres et de salles de bains supplémentaires dont je ne savais que faire. On y trouvait également certains objets et meubles que je souhaitais libérer à cause des souvenirs personnels qui y étaient rattachés.

Après le départ de mon fils, je pensais souvent: «Je dois me mettre à l'œuvre et trouver un appartement à mon goût. Rien ne me retient plus ici. » Mais je ne me décidais pas à prendre des mesures dans ce sens. Une année passa et je vivais toujours dans « son » appartement.

Un jour, je commençai à déclarer que le Christ en moi me libérait des liens me rattachant aux personnes, aux lieux ou aux objets du passé et du présent. Deux semaines après, un ami me téléphona pour me dire qu'un appartement se libérerait bientôt dans un immeuble qui me plaisait depuis longtemps. Si j'emménageais dans cet endroit, cela voulait dire que je me débarrasserais des meubles et des objets qui m'encombraient, car ce nouvel appartement était plus petit et plus compact.

Le propriétaire de cet immeuble était un de mes lecteurs. Il tenait à m'avoir comme locataire et promettait même de redécorer le logement en entier si je le prenais. Peu de temps après, j'emménageais dans cet immeuble situé sur une colline et agrémenté d'une vue splendide sur la ville. Maintenant entourée de magnifiques meubles neufs et libérée de toutes les choses qui me rappelaient le passé, j'étais émerveillée des paroles de libération qui m'avaient permis de me débarrasser d'une existence dont je ne voulais plus.

Alors que je continuais à affirmer que je me libérais des liens me rattachant aux personnes, aux lieux ou aux objets du passé ou du présent, des gens de mon entourage me redonnèrent ma liberté. Je sentais depuis plusieurs mois que ma relation avec ces gens arrivait à son terme, mais je n'avais jamais su comment y mettre fin avec élégance. Comme j'avais continué à prononcer les paroles de libération, ces gens trouvèrent d'autres champs d'intérêt et sortirent tout simplement de ma vie.

Alors que je continuais à réciter les paroles de libération, une chose étonnante se produisit.

Je reçus un appel interurbain d'une amie d'enfance que je n'avais pas vue depuis 15 ans et qui se sentait en faute relativement à un incident survenu entre elle et moi 25 ans auparavant. Elle se blâmait de la façon dont les choses avaient tourné entre nous. (Pour ma part, j'avais oublié l'incident en question). C'est seulement lorsqu'elle réagit, à travers les espaces célestes, à mes paroles de libération, et qu'elle me téléphona, que j'appris la nature de ses sentiments. Au cours de cette conversation, je la mis à l'aise en lui disant les paroles de libération à propos de cet incident vieux de 25 ans.

Trop souvent, nous essayons de faire entrer un nouveau mieux-être dans nos vies sans avoir d'abord libéré la place pour le recevoir. La libération nous aide à relâcher les choses anciennes pour faire place au renouveau.

La libération guérit les blessures affectives

Certains croient qu'il suffit de réciter à quelques reprises les paroles de libération pour s'affranchir de l'esclavage. Comme la nature affective subconsciente de l'être humain déborde de souvenirs malheureux et d'émotions négatives, il faut réciter les paroles de libération souvent et délibérément pour se libérer du chagrin et des expériences limitées du passé. Comme les Hébreux, nous devons pratiquer l'art de la libération. Le moment propice à cette pratique est lorsque nous commençons à expérimenter le «juste retour des choses».

Une dame âgée de plus de 80 ans avait des problèmes d'argent. En parlant avec une amie, elle prit conscience qu'elle devait s'affranchir de toutes les expériences malheureuses du passé afin d'ouvrir la voie à la prospérité.

À l'âge de 20 ans, cette dame s'était fiancée, mais son père avait mis un terme aux fiançailles et elle ne s'était jamais mariée. Soixante ans plus tard, elle pleurait encore cet amour brisé et la vie malheureuse qu'elle croyait avoir vécue. Pour elle, son père était la source de tous ses malheurs. Même si ce dernier ainsi que son ancien fiancé étaient maintenant décédés depuis longtemps, elle s'accrochait encore, après tant d'années, à son chagrin.

Les phrases qui aidèrent cette dame sont les mêmes que celles mentionnées précédemment: «*Le Christ en moi me libère dès maintenant de tout ressentiment et de tout lien me rattachant aux personnes, aux lieux ou aux objets du passé et du présent. Je prends dès maintenant ma véritable place avec les véritables personnes et avec la véritable prospérité.*»

La libération produit des miracles dans le mariage

La libération est également miraculeuse pour le mariage. Une femme mariée raconta un jour: «Pendant presque 20 ans, j'ai tout fait pour que mon mariage réussisse, mais en vain. Entre mon mari et moi, il y avait des tensions, des conflits, des tentatives de séparation et toutes sortes de problèmes. J'ai maintenant découvert comment réussir ma vie de couple: je dois libérer mon mari, lui pardonner, le laisser aller. En utilisant la libération et le pardon, j'ai également réussi à rendre harmonieuse ma vie professionnelle, auparavant malheureuse. La libération est la réponse à tout!»

La libération: première étape vers la réussite

En visite au Canada pour prononcer une série de conférences, je rencontrai un homme d'affaires qui donnait des séminaires sur la réussite un peu partout dans ce pays. Il avait découvert que la libération constituait un des premiers pas vers la réussite, et ses séminaires mettaient l'accent sur le principe de la libération.

Dans une lettre qu'il m'envoya plus tard, cet homme me raconta ce que la libération avait fait pour lui:

«Personnellement, ma découverte du principe de la libération a transformé ma vie. Ce principe m'a libéré d'un problème que je jugeais insoluble. *Grâce à des périodes de méditation axée sur la libération, j'ai pu résoudre une grande partie de mes problèmes professionnels et personnels.*»

Un autre homme d'affaires raconta:

«Pendant presque cinq ans, j'ai prié pour régler certains aspects de ma vie et j'ai utilisé différentes affirmations. Ces questions se sont résolues seulement lorsque j'ai découvert le merveilleux pouvoir du mot *libération*.

«Depuis trois ou quatre ans, je pratique la libération; maintenant, mon entreprise de services fonctionne à merveille. Un jour, une de mes équipes d'employés essayait de mettre en marche un gros compresseur, mais le moteur refusait de démarrer. Après avoir réessayé sans répit pendant une heure, mes employés m'ont appelé. J'ai voulu trouver un mécanicien, mais aucun n'était disponible avant plusieurs heures.

«J'ai alors prié: «*Seigneur, Tu peux faire démarrer ce compresseur si Tu le désires. C'est Ton entreprise. Que Ta volonté soit faite. Je remets ce problème entre Tes mains*». Plus tard dans la journée, mes employés sont venus me voir, l'air perplexe. L'un d'eux m'a dit: «C'est vraiment étrange. On a essayé pendant au moins une heure de faire fonctionner le compresseur, mais il refusait de démarrer. Après vous avoir parlé, j'ai décidé d'essayer une dernière fois. Et lorsque j'ai appuyé sur le bouton de démarrage, le moteur s'est mis à vrombir!»»

Cet homme d'affaires conclut: «*La libération est un mot miraculeux.*»

Un millionnaire guérit grâce à la libération

La libération représente le plus haut degré du pardon. «Pardonner» signifie «remettre à quelqu'un la punition d'un péché». Lorsque vous récitez les paroles de libération, vous mettez en branle le processus du pardon, ou de la renonciation. Si des antagonismes et des sentiments négatifs vous empêchent depuis longtemps de pardonner à certaines personnes ou certaines situations, pourquoi vouloir leur pardonner à tout prix? Libérez-les tout simplement. En lâchant prise et en laissant aller ces personnes et ces situations par la libération, vous leur pardonnez en renonçant à garder de la rancune.

Un millionnaire à la retraite vivait dans une splendide demeure, cloué dans un fauteuil roulant. Entouré de serviteurs, il ruminait les expériences amères du passé. En plus de divers problèmes de santé, il avait un caillot sanguin au pied qui, selon les médecins, l'empêcherait pour toujours de marcher.

Lorsqu'il découvrit le pouvoir de guérison de la libération, cet homme se mit à déclarer: «*Le Christ en moi me libère dès maintenant de tout ressentiment et de tout lien me rattachant aux personnes, aux lieux ou aux objets du passé et du présent. Je me sens dès maintenant en parfaite santé.*»

Dix jours plus tard, le caillot de sang s'était dissous, l'homme marchait de nouveau et ses médecins étaient mystifiés. Il continua à réciter chaque jour les paroles de libération, et sa santé s'améliora sans cesse, car il continuait à débarrasser à la fois son esprit et son corps de l'amertume et du ressentiment qui le minaient.

Le pouvoir de guérison de la libération

La libération possède également un pouvoir de guérison pour des symptômes aussi communs que les maux de tête. Une dame qui avait passé l'hiver en Floride revint dans le nord plus tôt que prévu. En entrant dans sa maison, elle découvrit que son homme d'entretien n'avait pas suivi correctement ses instructions. La chaudière ne fonctionnait plus et la neige s'accumulait devant sa maison.

La colère qu'elle ressentit alors lui donna un terrible mal de tête. Comme les analgésiques ne la soulageaient pas, elle commença à se dire: «Libère, relâche, laisse aller, remets cela à Dieu.» À l'homme d'entretien, elle disait mentalement: «Je te pardonne librement et totalement. Je te relâche et te laisse aller. Je laisse aller et je m'en remets à Dieu.»

En moins d'une heure, son mal de tête disparut. Ensuite, elle libéra littéralement son homme d'entretien en le congédiant. C'est parfois la meilleure façon de «pardonner» et de «renoncer» à quelqu'un.

Comment la renonciation mena une femme vers un mariage heureux

Une dame avait traversé les affres du divorce, non pas à une, mais à plusieurs reprises. Alors qu'elle connaissait un grand passage à vide dans sa vie, elle découvrit la sagesse de la libération et se mit à se défaire de vêtements et d'objets inutiles. Plus tard, elle libéra une maison dont elle ne voulait plus en la vendant, puis elle déménagea dans un appartement qui semblait lui convenir parfaitement.

Elle renonça même à de vieilles lettres d'amour d'un de ses anciens époux, lettres auxquelles elle s'était attachée depuis des années. Après avoir libéré beaucoup de choses et être déménagée dans son nouvel appartement, cette femme trouva un bon emploi. Par la suite, elle rencontra un homme d'affaires qu'elle épousa, à son plus grand bonheur. Voici comment elle explique sa nouvelle vie: «Lorsqu'on parvient vraiment à renoncer, toutes sortes de bonnes choses se produisent.»

Renoncer aux autres lui apporta travail et liberté

Après 25 ans de mariage, une maîtresse de maison vécut un divorce qu'elle ne souhaitait pas. Deux amies l'aidèrent à surmonter cette dure épreuve.

Un jour, elle prit conscience qu'elle exigeait trop de ses amies sur le plan affectif. Elle se demandait comment se défaire de ses liens avec ses amies lorsqu'elle entendit parler de la libération. Elle commença dès lors à déclarer chaque jour: «*Je laisse tomber toute chose et toute personne qui ne font plus partie du plan divin de ma vie. Dès maintenant, je m'engage rapidement dans le chemin divin de ma vie. Toutes les conditions sont toujours parfaites.*»

Sa libération se produisit d'une étrange façon (comme cela arrive souvent). Cette femme divorcée et ses deux amies étaient membres d'un cercle. Elle occupait le poste de trésorière depuis un certain temps. Après avoir commencé à déclarer les paroles de libération, les membres du cercle décidèrent de faire vérifier les livres. Peu après que la femme divorcée eut remis les livres à une autre membre pour vérification, le vérificateur prétendit qu'il manquait 600 $. Même si cette accusation était fausse, cela en valut la peine, dit cette femme, parce qu'elle n'entendit plus jamais parler de ses deux amies par la suite! «S'ils ne découvrent pas leur erreur, je paierai cette somme comme s'il s'agissait d'un geste de charité», affirma-t-elle en ironisant.

Elle continua à se concentrer sur la libération et décrocha un poste de direction dans une entreprise spécialisée en comptabilité. «Il y a longtemps que je ne me suis pas sentie aussi libre. Je peux faire ce que je veux sans avoir à me demander ce que mes amies vont penser. Je suis heureuse de m'être enfin débarrassée de ce boulet.»

Les paroles de libération lui apportèrent la liberté

En plus de réciter les paroles de libération, il est bon aussi de mettre par écrit ce que vous souhaitez éliminer dans votre vie.

Il y eut une période dans ma vie où un problème persistant jetait de l'ombre sur tout le reste. Pendant des années, j'essayai de m'en libérer. J'avais imaginé et affirmé la libération de ce problème, mais il était toujours présent. J'eus alors l'idée de faire, au tout début de chaque année, une liste des «choses à éliminer» sur laquelle j'écrivais mon désir de me libérer. Cette année-là, mon problème disparut enfin. Depuis, je suis convaincue que le fait d'écrire les choses que vous voulez éliminer est une puissante forme de libération.

La réussite d'une enseignante qui dressa une «liste du pardon»

Lorsqu'elle découvrit le pouvoir magique de la libération, une enseignante décida d'essayer la méthode écrite. Voici ce qu'elle raconta:

«J'ai lu un livre à propos d'une femme qui se réservait chaque jour un moment pour pardonner à ceux qui l'avaient offensée. Grâce à cette méthode, toutes les fautes étaient réparées.

«J'ai alors pris conscience que moi aussi, j'éprouvais du ressentiment envers des soi-disant offenses et que cette rancoeur empêchait mon mieux-être de venir à moi. J'ai pris une feuille de papier. Au recto, j'ai dressé une liste de ceux envers qui j'éprouvais de l'amertume. Au verso, j'ai dressé une liste des choses que je désirais avoir dans ma vie.

«Chaque soir, je me réservais une période de méditation pendant laquelle je bénissais et pardonnais à tous ceux envers qui j'éprouvais du ressentiment. Je retournais ensuite ma feuille et je rendais grâce pour les choses demandées. La liste de mes souhaits comprenait une nouvelle voiture, des leçons de conduite, de bonnes classes et des matières intéressantes à enseigner. (L'an dernier, mes classes comptaient des élèves aux prises avec les pires problèmes disciplinaires de toute l'école).

«Alors que je continuais chaque jour à méditer sur ma liste, mon mieux-être a commencé à se manifester. Malgré de nombreux obstacles, j'ai eu ma voiture. De plus, on m'a confié de si bonnes classes que tous mes collègues disaient qu'il y avait eu une erreur. En outre, je n'ai eu aucun élève à problèmes de tout le semestre. Enfin, j'ai eu le bonheur d'aller à l'étranger pour y faire des études supérieures et j'en ai profité pour visiter le pays.»

La renonciation amena la liberté dans la famille

Une veuve avait souvent entendu les mots «renoncer et s'en remettre à Dieu». Pour elle, cela signifiait baisser les bras face à un problème plutôt que de s'en libérer.

Elle découvrit par la suite ces paroles qui la fascinèrent: «*Je pardonne complètement et librement. Je laisse aller et je renonce. Je renonce et je m'en remets à Dieu. Le Christ en moi représente le pouvoir de la libération. Dès maintenant, le Christ possède le pouvoir de pardonner eu égard à cette situation, et tout est bien ainsi.*»

Tandis qu'elle déclarait ces paroles, la peur et le chagrin se dissipèrent. Elle comprit que «renoncer et s'en remettre à Dieu» signifiait tout simplement ceci: se débarrasser de la souffrance et laisser Dieu et Son Amour Infini en prendre charge.

Cette veuve fut soulagée de découvrir qu'il n'y avait ni répression ni douleur dans le pardon. Il n'y avait aucune tension, seules la liberté et la paix subsistaient.

«J'ai toujours adoré ma fille. Je l'ai protégée de tous les problèmes et je me suis assurée que rien ne pourrait jamais la blesser. Toutefois, pendant les années où elle a vécu avec son conjoint dans un appartement à proximité de chez moi, j'ai commencé à voir que je vivais sous une forte tension. J'étais tellement dépendante de leur amour que j'appréhendais sans cesse le moindre signe de désapprobation de leur part. Ils le savaient et en profitaient de façon outrageante. Ils brandissaient la menace de me retirer leur amour afin de garder le contrôle sur moi. Aujourd'hui, je suis libre, car j'ai pris conscience que c'est Dieu, et non ma famille, qui est la Source de mon mieux-être. L'abandon et la renonciation m'ont redonné la tranquillité d'esprit et la liberté.»

Améliorez votre vie sur tous les plans

Vous pouvez améliorer chaque aspect de votre vie en acceptant le don de libération. Pour faire place à un mieux-être accru, il faut se débarrasser des choses anciennes. Un homme âgé de 80 ans était incapable de se trouver du travail. Il découvrit le pouvoir magique de la libération et décida de renoncer à sa maison remplie de meubles dont il ne voulait plus. «Avoir après vidé le premier placard, j'ai immédiatement trouvé un emploi.»

Une secrétaire entendit parler du pouvoir magique de la libération et quitta son emploi le jour même. Cela semblait une chose stupide à faire, car son employeur venait tout juste de lui accorder une augmentation de salaire dont elle avait vraiment besoin. Néanmoins, elle se lança rapidement à son compte dans le domaine des arts, apprenant sur le tas. Peu de temps après, elle vendit à un magazine pour enfants des centaines d'illustrations. Par la suite, elle écrivit des articles et des contes, et publia même un livre d'artisanat. Tout ce succès survint après qu'elle eut renoncé à l'emploi dont elle ne voulait plus.

Rappelez-vous, *la renonciation d'une chose dans votre vie indique toujours l'arrivée de quelque chose de mieux!* Une maîtresse de maison décida un jour d'invoquer le don de libération en démissionnant d'un bon emploi de fonctionnaire qu'elle occupait depuis 10 ans. Cette femme souhaitait rester à la maison avec ses enfants, une décision que son mari approuvait chaudement. La magie de la libération fit son œuvre à la perfection: le revenu du mari, qui travaillait dans la vente, doubla au cours de l'année suivante et la perte du salaire de son épouse ne se fit jamais ressentir. La libération avait apporté prospérité et liberté.

Quand vous vous libérez de quelque chose, vous concourez ainsi à ouvrir la voie à un mieux-être accru.

Un avocat se sentait de plus en plus insatisfait de son travail qui ne comblait plus ses attentes. Il décida d'invoquer le pouvoir magique de la libération en donnant un mois de travail à un jeune confrère qui venait d'ouvrir un cabinet d'avocat tout près de son bureau. Le jour même où il posa ce geste, un nouveau client arriva et l'embaucha comme conseiller juridique pour son entreprise. C'était un travail qu'il avait toujours voulu faire et, en peu de temps, son revenu doubla – grâce à la libération.

Acceptez le don de libération et utilisez-le souvent. Il vous ouvrira les portes d'un monde meilleur.

EN RÉSUMÉ

1. Votre don de libération peut être utilisé dans tous les domaines de votre vie: mental, affectif ou physique.

2. L'acte de libération est un des moyens les plus efficaces d'ouvrir votre esprit à l'idée de recevoir.

Il vous libère de la tension, de l'oppression et de la cupidité.

3. La libération est un don inestimable, car elle joue un double rôle: elle efface les erreurs dans votre vie et accroît votre mieux-être.

4. Vous ne perdez pas ce qui vous appartient par l'acte de libération. Au contraire, l'acte de libération ouvre la voie pour laisser place à un mieux-être accru.

5. Répétez souvent que l'Esprit du Christ ou la «surconscience» qui vous habite libère tout ce qui ne participe pas à votre mieux-être suprême. Votre esprit spirituel est rempli de l'intelligence universelle qui sait ce qui doit être libéré. Lorsque vous récitez les paroles de libération de cette façon, vous l'incitez à travailler pour vous.

6. L'activité subconsciente de l'esprit libère ce qui vous embarrasse le plus. L'activité de la surconscience peut également réagir lorsqu'on y recourt par la libération.

7. En plus de réciter les paroles de libération, vous devriez également écrire ce que vous souhaitez éliminer de votre vie.

8. Vous pouvez aussi dresser une «liste du pardon» pour bénir et libérer chaque jour les noms qui y paraissent. Pardonner signifie «remettre à quelqu'un la punition d'un péché». C'est une des plus puissantes formes de libération.

9. Vous pouvez améliorer tous les aspects de votre vie en acceptant votre don de libération.

Chapitre 3

Le don de prophétie

*V*ous pensiez peut-être que le «don de prophétie» était un don spirituel ou psychique particulier conféré à quelques personnes seulement. Pourtant, vous possédez aussi le «don de prophétie», qui peut vous servir à ouvrir votre esprit à l'idée de recevoir un mieux-être accru dans tous les aspects de votre vie. D'ailleurs, grâce à ce don, les prophètes de la Bible ont obtenu des résultats étonnants.

En quoi consiste votre «don de prophétie»? Comment le mettre à contribution?

Première partie: La prophétie par le langage parlé

«Prophétie» signifie «interprétation de Dieu». Le mot «prophétie» signifie également «prédire l'avenir sous l'inspiration divine» ou «l'acte de prédire intuitivement». Vous utilisez sans cesse votre don de prophétie dans les prédictions orales, les déclarations, les paroles et les décrets que vous prononcez à votre sujet ou au sujet des autres. Bref, les mots que vous prononcez constituent votre «don de prophétie».

Si vous êtes insatisfait de votre vie, vous pouvez commencer à utiliser votre « don de prophétie » pour améliorer votre existence. En changeant vos paroles, vous changez votre univers. En les améliorant, vous améliorez votre univers. En les transformant, vous bouleverserez votre univers.

Par le biais des mots, vous pouvez invoquer votre « don de prophétie » de deux façons : *premièrement*, par les conversations et les paroles ordinaires de votre vie de tous les jours ; *deuxièmement*, par les prédictions et les paroles que vous prononcez délibérément, telles des affirmations verbales.

Comment le don de prophétie aida l'auteure de ce livre

Vos paroles de tous les jours possèdent un énorme pouvoir, car vous les prononcez de façon spontanée et détendue, sans qu'aucun obstacle mental ne vienne entraver leur manifestation. Par conséquent, vos paroles de tous les jours produisent souvent des résultats rapides en votre faveur.

Au milieu des années 1960, j'ai pu constater à quel point mes paroles de tous les jours produisaient des résultats spectaculaires.

J'étais en train de déménager de l'appartement que je partageais avec mon fils avant que celui-ci s'engage dans les forces armées (comme je le racontais précédemment). J'avais retenu les services d'un déménageur professionnel, mais je sentais qu'une aide additionnelle serait nécessaire.

C'était la première fois depuis longtemps que mon fils n'était pas à mes côtés pour un déménagement. Sa présence et son aide me manquaient. Je me surprenais à penser: «Si seulement Richard était là, ce déménagement serait tellement plus facile. Il saurait comment régler toutes ces choses.»

Puis je me rappelai qu'il me fallait le libérer afin qu'il vive sa nouvelle vie. Néanmoins, je ne pouvais m'empêcher de penser: «Si seulement Richard était là.»

Un jour, au beau milieu des préparatifs du déménagement, des enfants du voisinage vinrent me demander s'ils pouvaient m'aider. C'était une chaude journée d'été et ces enfants étaient désœuvrés. Leurs activités habituelles les ennuyaient. Après avoir reçu la permission de leurs parents, je les mis au travail.

Tout se passa bien pendant plusieurs heures et je me disais: «Mon décret a porté fruit et les enfants des autres sont venus m'aider à préparer mon déménagement.»

C'est alors qu'on frappa à ma porte. J'ouvris et j'aperçus un grand jeune homme (environ de la taille de mon fils). Il me dit: «Je vois que vous déménagez. Mes jeunes frères et sœurs vous donnent un coup de main, alors je suis venu faire ma part.»

Je répondis avec plaisir: «Parfait. Quel est ton nom?

– Je m'appelle Richard.»

Mon don de prophétie avait fait son œuvre. J'avais sans cesse répété: «Si seulement Richard était là», et, tout à coup, un Richard était apparu pour accomplir toutes les tâches que mon fils aurait effectuées.

Les paroles ordinaires ne donnent pas toujours des résultats aussi rapides. En revanche, les décrets ordinaires répétés inlassablement *finissent* par produire des résultats au moment propice.

Comment des paroles aboutirent à un mariage

Enfant, je me rappelle être souvent allée chez ma tante qui était «vieille fille». Elle hébergeait ses parents âgés ainsi que plusieurs frères et sœurs célibataires.

Toutes les fois qu'un membre de la famille provoquait ma tante, elle proférait toujours la même menace: «Un de ces jours, je déménagerai en Floride et je me marierai.» Cette menace était devenue un sujet de plaisanterie perpétuelle dans la famille. À ses yeux, cette prophétie était invraisemblable, impossible, et personne n'y prêtait attention.

Les années passèrent, ses frères et sœurs se marièrent et quittèrent la maison familiale. Quant aux parents âgés, ils moururent à peu de temps d'intervalle l'un de l'autre. Ma tante vendit alors la maison et déménagea en Floride pour y vivre et y travailler.

À l'époque de son départ pour la Floride, elle était à l'aube de la cinquantaine. Un an plus tard, ma famille reçut d'elle une carte postale où on pouvait lire ce bref message: «La semaine dernière, j'ai épousé monsieur Brown à Gainesville.»

Imaginez la réaction de ses frères et sœurs! Personne n'avait jamais entendu parler de ce «monsieur Brown», mais ils découvrirent bientôt que ce veuf était un homme très bien que leur sœur avait rencontré à son lieu de travail. Aujourd'hui, après plusieurs années de mariage, ce couple continue de «vivre heureux jusqu'à la fin des temps».

Vos paroles sont votre «don de prophétie». Parfois, vos paroles les plus ordinaires, répétées souvent, constituent votre plus grand «don de prophétie». Ma tante l'a démontré.

Comment les mots amenèrent un cadeau d'orchidées

Une des meilleures façons d'aider les autres consiste à prononcer des paroles ordinaires pour leur prédire un mieux-être. Il est même possible d'accepter mentalement en leur nom le mieux-être qu'eux-mêmes n'ont pas été encore capables d'accepter.

Un jour que je devais prononcer une conférence à un congrès, une amie m'offrit une magnifique orchidée. Ce congrès durait plusieurs jours, mais je devais partir sitôt ma conférence terminée. Une de mes grandes amies assistait également à ce congrès et devait faire son allocution deux jours après la mienne.

Comme l'orchidée allait être encore fraîche au moment de sa conférence, je me dis: «Il faut absolument que je la lui donne pour qu'elle la porte.» Malheureusement, dans le brouhaha du moment, j'ai oublié de la lui offrir. Toutefois, je l'avais déjà fait en pensée.

Plus tard, dans le cadre de nos relations épistolaires, je lui écrivis: «Bien que je ne t'aie pas remis en personne mon orchidée, je te l'avais donnée en pensée. Comme j'ai prophétisé une orchidée pour toi, quelqu'un t'en offrira une très bientôt.»

Elle me répondit: «C'est une idée magnifique, mais personne ne m'a jamais offert d'orchidées.»

Environ deux mois plus tard, je reçus d'elle une lettre très gaie où elle racontait: «Continue de faire des prophéties en ma faveur! J'ai reçu *quatre* orchidées depuis que tu l'as décrété: des parents et amis m'ont offert des orchidées pour toutes sortes d'occasions – à mon anniversaire, à Pâques, etc.».

Comment Winston Churchill gagna la guerre avec des mots

Une des histoires célèbres concernant Winston Churchill relate comment il renversa la situation lors de la bataille d'Angleterre. À l'époque, tous prophétisaient la défaite et beaucoup croyaient la guerre déjà perdue.

Winston Churchill déclara toutefois sur les ondes de la radio: «Nous allons remporter la victoire.» Ses paroles étaient celles d'un «gagnant» et plusieurs historiens estiment que ses mots ont constitué le point tournant de la guerre.

Comment un camionneur indépendant réussit avec des mots

Il y a quelques années, alors que j'avais commencé à réfléchir sur le pouvoir des mots ordinaires, j'ai entendu parler d'un camionneur indépendant qui connaissait beaucoup de succès. Malgré un marché du travail difficile, les deux camions de cet homme étaient toujours sur la route.

Lorsqu'on lui demanda le secret de sa réussite, il évoqua l'époque où il avait d'énormes problèmes d'argent: incapable de trouver des contrats, il était sans le sou et en retard sur le paiement de son camion. Un jour qu'il se trouvait seul dans un hôtel loin de chez lui, il ouvrit sa bible au 37e chapitre du livre d'Ézéchiel. Il lut la vision du prophète sur les ossements desséchés. Dans ce passage, Yahvé dit à Ézéchiel de prophétiser sur ces ossements et lorsqu'il le fit, les ossements desséchés se relèvent et reviennent à la vie sous forme humaine.

Pour le camionneur, cette histoire de l'Ancien Testament représentait une puissante formule de réussite. Il alla donc jusqu'à son camion, posa ses mains sur le pare-chocs poussiéreux et prophétisa: «Écoute, je prophétise que tu vas travailler demain. Qui plus est, le travail sera bien payé.» Immédiatement, il se sentit mieux et retourna à son hôtel pour y passer la nuit.

À 5 h du matin, le téléphone sonna et une voix dit: «J'ai une livraison urgente de beurre pour Los Angeles. Pouvez-vous vous en charger?» Évidemment, il s'en chargea.

Plus tard, en parlant du pouvoir de la prophétie de la réussite, cet homme raconta: «Après cette fameuse soirée, il m'est encore arrivé d'avoir des problèmes d'argent, mais je savais dorénavant que je pouvais m'en sortir. Par exemple, un jour, j'ai prophétisé qu'une cargaison périssable ne se gâterait pas avant que je trouve de la glace, et elle ne s'est pas avariée. Un autre jour, j'ai prophétisé qu'une route en mauvais état sur laquelle je roulais allait s'améliorer, et elle s'est améliorée. J'ai même déjà prophétisé que j'aurais un deuxième camion et c'est maintenant le cas».

Par le biais de votre langage de tous les jours, vous pouvez utiliser ce don simple mais puissant de «prophétie» pour faire venir vers vous et vers les autres un mieux-être accru.

La deuxième façon de prophétiser avec des mots

Les affirmations prononcées de façon consciente et méthodique sont la deuxième façon d'utiliser votre «don de prophétie».

À l'aube de ce nouvel âge des lumières, *tous ceux et celles qui ignorent le pouvoir des mots sont en retard sur leur époque.*

Beaucoup de gens lisent les innombrables livres de croissance personnelle qu'on trouve aujourd'hui sur le marché. Pourtant, une bonne partie de ces lecteurs n'obtient pas les résultats concrets dont on parle dans ces ouvrages.

La plupart des gens qui lisent des livres de croissance personnelle en savent assez long pour transformer le cours de leur existence; malheureusement, ils ne mettent pas en pratique ce qu'ils ont appris. Ils doivent donc utiliser leur «don de prophétie». Les paroles qu'on prononce pour affirmer tout haut le genre de vie qu'on désire valent plus que des douzaines de livres ou de conférences. Vos paroles qui décrivent le mieux-être souhaité vous aideront à le réclamer et à l'obtenir rapidement. «Vous convoitez et ne possédez pas? Alors vous tuez. Vous êtes jaloux et vous ne pouvez rien obtenir? Alors vous bataillez et vous faites la guerre. Vous ne possédez pas parce que vous ne demandez pas.» (Jacques 4, 2)

Comment des paroles guérirent une femme

Il était une fois une jeune fille du Kentucky qui déménagea au Colorado avec sa famille parce qu'un de ses parents souffrait d'une maladie que le climat du Colorado devait atténuer.

Dès son arrivée au Colorado, cette jeune fille se mit à suivre un cours d'inspiration qui se tenait dans le salon d'un ami. La personne responsable du cours était un disciple d'Emma Curtis Hopkins, la fameuse enseignante de la Vérité, à Chicago. Elle expliquait souvent à ses élèves comment ils pouvaient réclamer en paroles l'«omniprésence» de Dieu et Sa bonté.

Lors de ces rencontres hebdomadaires, l'enseignante proposait à ses élèves des affirmations précises à prononcer relativement à l'omniprésence de Dieu. Elle leur demandait de les faire consciemment pendant la journée, à la maison ou au travail.

Comme la jeune fille du Kentucky avait reçu une éducation religieuse traditionnelle, cette théorie sur le pouvoir des mots était nouvelle pour elle. Néanmoins, elle décida de la mettre à l'essai, car elle souffrait d'un mal de gorge que les médecins s'avéraient impuissants à soulager. La douleur était telle qu'elle était incapable de manger normalement.

Un jour que l'enseignante affirmait l'«omniprésence» pour les élèves présents dans la classe, la jeune fille du Kentucky se rendit compte tout à coup qu'elle était guérie. Elle pouvait avaler sans douleur et elle «savait» qu'elle se portait bien maintenant. Ce même jour, au déjeuner, elle mangea un repas normal pour la première fois depuis des mois, sous le regard sceptique de sa famille.

Lorsqu'à la rencontre suivante, elle annonça fièrement sa guérison à son enseignante, celle-ci lui répondit, nullement étonnée: «Bien sûr que tu as été guérie.» Connaissant le pouvoir des mots, elle était souvent témoin de ce genre de guérison dans le cadre de son travail.

Guérie grâce à des affirmations, cette jeune fille continua de recourir à son «don de prophétie» pour aider les autres. Elle s'appelait Nona Brooks et c'est elle qui fonda le mouvement de la Science Divine à Denver. Elle fut directrice du collège de ce mouvement et ministre du culte de son église mère, où elle travailla de nombreuses années, en très bonne santé d'ailleurs. Pour ceux qui connaissent le pouvoir des mots et les résultats qu'ils produisent, Nona Brooks est devenue une légende.

Comment prophétiser avec des mots

C'est avec vos paroles que vous façonnez votre destinée. Voici une méthode simple qui vous permettra de développer votre «don de prophétie».

Réservez-vous chaque jour un moment pour prononcer sans ambages les mots qui décrivent l'existence que vous voulez vivre. Si vous prononcez ces paroles avec persévérance et ce, même si de prime abord vous doutez de leur contenu, vous découvrirez qu'elles possèdent un pouvoir. En les prononçant chaque jour, elles feront des miracles dans votre vie – parfois lentement, parfois immédiatement.

Lorsque vous prononcez chaque jour des paroles constructives, vous ne forcez pas Dieu à vous donner quelque chose. Vous ne faites que réclamer ce qui vous revient déjà comme héritage: une santé, une richesse et un bonheur accrus.

Je vous invite à prophétiser souvent votre mieux-être et celui des autres, autant spontanément que méthodiquement. Prononcez vos paroles sans effort ni tension, mais plutôt dans la joie, la sérénité et la confiance. Puis, libérez vos paroles prophétiques pour qu'elles puissent traverser les espaces célestes et accomplir leur travail parfait en votre nom et au nom d'autrui. Vous pouvez, si vous le voulez, commencer dès maintenant en prophétisant:

«*En changeant mes paroles, je change mon univers. En améliorant mes paroles, j'améliore mon univers. En transformant mes paroles, je transforme mon univers. Je prophétise mon mieux-être dès maintenant, pour toute l'humanité et pour moi*».

Deuxième partie: La prophétie par les images

Le mot prophétie, qui signifie «interprétation de Dieu», veut également dire «prédire l'avenir sous l'inspiration divine» ou «prédire intuitivement». Comment faire pour prédire ainsi?

Cette méthode est tout aussi simple que la précédente: il s'agit d'utiliser son imagination, de se représenter mentalement et consciemment le mieux-être désiré. *Si vous n'imaginez pas de façon consciente et constructive ce que vous voulez, vous imaginez de façon inconsciente et destructrice ce que vous ne voulez pas. En fait, votre imagination fonctionne sans cesse, car c'est le rôle de l'esprit d'imaginer.*

Une des façons intelligentes de prophétiser par l'imagination consiste à demander conseil sur votre avenir. Grâce aux forts pressentiments et aux profonds désirs qui vous habitent, votre intuition vous montrera quoi imaginer. Vous pourrez dès lors vous mettre à la tâche avec audace.

Dans son livre *The Science of Succesful Living*, le docteur Raymond Charles Barker explique:

«Dieu désire que vous soyez ce que vous souhaitez être. Dans la quiétude de votre esprit, choisissez votre avenir, acceptez-le comme allant de soi, et attendez-vous à ce qu'il se réalise. Rendez grâce car les moyens de l'amener vers vous sont déjà en action.»

Vous devez aujourd'hui même accepter mentalement l'avenir que vous souhaitez; en imaginant cet avenir, vous en hâtez l'acceptation.

Pourquoi?

Parce que le pouvoir d'imagination de l'esprit transforme votre façon de penser et engendre l'espoir, la croyance et l'acceptation au niveau de l'esprit au lieu de «je ne peux avoir cela» ou «cela ne m'arrivera jamais», votre imagination vous amène à dire «cela peut m'arriver» et «cela va m'arriver».

Les généralités ne donnent aucun résultat: elles n'ont aucun pouvoir ni fond. De même, les espoirs vagues et les objectifs mal définis ne peuvent pas persuader l'esprit ni produire des résultats constructifs. En revanche, les images précises du mieux-être que vous désirez incitent les personnes, les lieux et les événements à contribuer à la réalisation de vos désirs.

Vous pouvez hâter votre mieux-être en l'imaginant!

Une compagnie d'assurances réussit grâce à l'imagination

Ayant découvert le pouvoir de l'imagination, le président d'une compagnie d'assurances activa le succès de son entreprise en l'imaginant.

Au moment de créer son entreprise, il se fit «un plan de réussite» où il projetait sur une période de 10 ans le volume de ventes désiré, en plus de noter pour chaque année le chiffre d'affaires souhaité.

À l'époque où il me montra son plan de réussite, le chiffre d'affaires de son entreprise devançait d'une année ses prévisions, et ce, malgré une grave récession où personne n'était censé prospérer.

Comment l'imagination rapporta un montant d'argent

On peut imaginer la résolution de ses problèmes au lieu de s'épuiser à les combattre. Un jour, une maîtresse de maison avait désespérément besoin d'un montant d'argent pour acquitter certaines obligations financières qui arrivaient à échéance. Sur un mur de la salle familiale, elle afficha «un plan de réussite» bien en vue sur un panneau d'affichage.

Chaque jour, elle jetait un coup d'œil sur ce plan qui montrait les images de ses objectifs financiers, puis elle rendait grâce pour les résultats rapides qu'elle obtiendrait. Sa méthode fonctionna: en dix jours, trois de ses objectifs se réalisèrent. Elle enleva alors les images correspondant à ces objectifs et en ajouta de nouvelles.

Un de ses objectifs était d'obtenir une certaine somme en argent comptant. À peine une semaine après avoir affiché ce montant sur son plan de réussite, on frappa à sa porte et un homme qu'elle n'avait pas revu depuis 15 ans se présenta avec le montant exact! Il lui expliqua que ce montant représentait le paiement d'une vieille police d'assurance à capital différé qu'on avait dû annuler. Par un changement dans ses politiques, la compagnie d'assurance avait remplacé la vieille police pour une police d'assurance de 20 ans.

Comment l'imagination lui donna le mari rêvé

Imaginez votre mieux-être et obtenez-le. N'essayez pas de lui frayer un chemin par la force ou la raison. Toutes les puissances du ciel et de la terre vont coopérer avec votre imagination pour réaliser vos désirs.

Beaucoup de gens se sont représentés mentalement des vacances, de meilleurs emplois, un plus haut revenu, la guérison de problèmes de santé, la vente de maisons ou de commerces, la perte de poids, l'abandon de la cigarette ou de l'alcool. L'imagination peut vous libérer de toutes sortes de problèmes, petits ou grands.

Un jour, une jeune fille qui avait découvert le pouvoir des images se fabriqua un album de mariage. Les images qu'elle avait collées dans cet album représentaient l'homme de ses rêves, une bague de fiançailles, une robe de mariée, de nombreuses fêtes et réceptions, une noce magnifique et un mariage heureux.

Sa méthode fonctionna. Elle rencontra l'homme de ses rêves qui lui offrit bientôt une bague de fiançailles. Par la suite, les nombreuses fêtes et réceptions données en son honneur devinrent le sujet de conversation de l'heure, tout comme son trousseau de mariée. Son mariage fut aussi beau que celui montré sur les images. Il y a quelques années, elle m'a présenté avec fierté le mari de ses rêves à Atlanta, en Géorgie, où ils habitent et s'affairent à «vivre heureux jusqu'à la fin des temps».

Un homme d'affaires obtint le bonheur, la satisfaction et la prospérité

Un homme d'affaires de l'Ohio m'a récemment écrit:

«Ayant été dessinateur d'outils et de machines pendant la majeure partie de ma vie, travaillant dans les mathématiques et les chiffres, je ne me suis jamais intéressé aux choses qui ne fonctionnent pas. Un jour, j'ai découvert et démontré qu'il existe une formule aussi valable que toutes les lois mathématiques, chimiques ou physiques: une foi inébranlable, des objectifs et des désirs bien définis, une volonté de rester fidèle à ses principes et la conviction que Dieu va travailler à notre mieux-être. On ne se demande pas pourquoi 2 plus 2 font 4 chaque fois qu'on veut résoudre un problème mathématique; on l'accepte comme un fait indubitable. Ainsi devrait-on accepter les lois de la vie.

«J'ai entendu parler pour la première fois de cette philosophie par un ingénieur qui avait participé au premier cours de prospérité donné par madame Catherine Ponder en Alabama, en 1958. Grâce à ce cours, il était passé d'une entreprise de construction au chiffre d'affaires d'un million de dollars en Alabama, à une autre au chiffre d'affaires de quinze millions de dollars en Ohio. C'est cet homme qui a mis au point la roue de fortune dont parle l'auteur dans plusieurs de ses livres, notamment dans *Les Lois dynamiques de la prospérité*.

«À l'époque où cet ingénieur m'a parlé de la pensée prospère, je venais de vivre de dures épreuves qui avaient anéanti ma santé physique, mentale et financière. Il m'a suggéré de faire une roue de fortune en me représentant mentalement le mieux-être que je souhaitais expérimenter dans ma vie. Il m'a expliqué que le fait d'imaginer ainsi mon mieux-être équivalait à «prier en images», à faire un acte de foi. J'ai suivi son conseil.

«Résultats? *Je suis maintenant plus heureux, satisfait, autonome et prospère que jamais je ne l'ai été dans toute ma vie!* Plusieurs choses que je croyais impossibles sont arrivées de nulle part. Des occasions se sont présentées au moment propice, l'argent s'est mis à affluer, les gens sont devenus plus coopératifs à mon endroit, même les espaces de stationnement se libéraient au bon moment! L'imagination de son mieux-être donne des résultats!»

Commencez à prophétiser votre mieux-être en vous le représentant mentalement. Ce faisant, déclarez souvent: «*Grâce à Dieu, je me dirige dès maintenant vers un mieux-être accru et somptueusement prospère. Tout ce qui m'arrive tourne à mon avantage, rapidement et sereinement.*»

EN RÉSUMÉ

1. Vous pensez peut-être que le «don de prophétie» était un don spirituel ou psychique particulier conféré à quelques personnes seulement. Vous aussi possédez le «don de prophétie», que vous pouvez utiliser très simplement pour recevoir un mieux-être accru dans votre vie.

2. «Prophétie» signifie «interprétation de Dieu». – Première partie: La prophétie par le langage parlé.

3. Si vous êtes insatisfait de votre vie, vous pouvez l'améliorer en utilisant votre «don de prophétie».

4. En changeant vos paroles, vous changez votre univers. En améliorant vos paroles, vous améliorez votre univers. En transformant vos paroles, vous transformez votre univers.

5. Vous pouvez utiliser votre «don de prophétie» par le biais des mots de deux façons:

    a) Par vos paroles et vos conversations de tous les jours.

    b) Par des prédictions et des paroles prononcées de façon consciente, telles des affirmations.

6. Une des meilleures façons d'aider les autres, c'est de prononcer en leur nom des paroles qui prédisent leur mieux-être. Souvent, vous pouvez accepter mentalement le mieux-être des autres, même s'ils ne peuvent pas encore l'accepter pour eux-mêmes.

7. Winston Churchill a peut-être changé le cours de la Seconde Guerre mondiale avec ses mots. Vous aussi pouvez changer le cours de votre vie et passer du négatif au positif par le biais de paroles constructives.

8. Les paroles que vous prononcez pour revendiquer audacieusement le genre de vie que vous souhaitez valent plus que des douzaines de livres ou de conférences. Ces paroles qui décrivent le mieux-être souhaité vous aident à le réclamer et à l'obtenir rapidement.

9. Réservez-vous chaque jour un moment pour prononcer avec audace des paroles qui revendiquent la vie que vous désirez mener. Une telle pratique peut faire des miracles dans votre vie.

10. Le mot «prophétie» signifie également «prédire l'avenir sous l'inspiration divine» ou «l'acte de prédire intuitivement». – Deuxième partie: Vous pouvez faire ces prédictions en vous représentant mentalement et de façon consciente le mieux-être désiré, celui auquel vous croyez avoir droit. L'imagination peut hâter l'arrivée de votre mieux-être.

Chapitre 4

Le don de l'«idéal»

Se libérer du passé, revendiquer verbalement son mieux-être et se le représenter mentalement, voilà autant de moyens précis d'ouvrir son esprit pour recevoir. Il existe également une méthode de base globale pour ce faire. On la retrouve dans ce dicton populaire: «Bon, mieux, idéal. Je n'aurai de cesse qu'au moment où de bon, je serai passé à mieux, puis à l'idéal!»

Les gens ont trop souvent été conditionnés à penser et à accepter moins que l'idéal.

Ce conditionnement repose en partie sur une idée fausse quant à la nature de Dieu, à celle de l'homme, et à la relation entre les deux. Si vous avez cru que Dieu possède une double personnalité représentant le bien et le mal, et si vous avez cru que l'homme était un pécheur et, par le fait même, un être limité, alors vous avez été conditionné à accepter moins que l'idéal dans la vie. Vous n'avez pas osé réclamer davantage!

Toutefois, lorsque nous découvrons la Vérité illimitée, c'est-à-dire que l'homme a accès à la bonté divine, nous nous libérons des fausses croyances et des résultats limités qui en découlent.

J'ai toujours trouvé qu'il valait la peine de déclarer souvent dans la journée: «Rien de moins que l'idéal.» Je peux ainsi ouvrir mon esprit pour recevoir d'une manière globale. Un jour que j'étais en vacances avec des amis dans une région que nous ne connaissions pas, nous sommes entrés dans un restaurant bondé et bruyant. Nous nous sommes tout de suite demandé si nous allions rester et faire la queue. Finalement, nous avons opté pour «rien de moins que l'idéal».

Comme cette situation n'était pas l'«idéal», nous avons poursuivi notre chemin. Rapidement, nous avons trouvé un restaurant magnifique donnant sur la mer, offrant une nourriture excellente et un service attentionné et, surtout, exempt du tintamarre et de la foule du restaurant précédent. Nous n'aurions ni trouvé ni profité de cet endroit exceptionnel si nous avions accepté moins que l'idéal.

Comment une veuve prospéra

Quand nous sommes conscients de vivre dans un univers de mieux-être illimité et que nous avons un Père aimant qui désire partager avec nous cette immense richesse, nous ne nous sentons plus coupables d'oser viser l'idéal et de *s'y tenir*.

Nos croyances au sujet de Dieu et de l'être humain peuvent soit nous mener vers une vie misérable, soit nous inciter à accepter et à réclamer l'idéal.

Une femme qui vit dans l'État de Washington raconte:

«Mon mari venait tout juste de mourir. J'avais 54 ans et, je m'en rends compte aujourd'hui avec le recul, j'acceptais beaucoup de limitations. J'avais vendu notre maison et déménagé dans notre petit chalet. Je parlais de couper mes dépenses pour pouvoir vivre d'un «revenu fixe». J'avais aussi accepté le fait que mon crédit serait plus limité qu'à l'époque où mon mari était encore vivant.

«Toutes ces pensées sans envergure étaient stupides, vraiment stupides! Depuis trois ans, je travaille dans une société immobilière avec six autres vendeurs accrédités sous ma responsabilité. On m'a accordé un prêt hypothécaire à mon nom et sur la foi de *mon* dossier de crédit. J'ai également fini de rembourser le prêt sur une autre propriété qui nous appartenait et j'ai acheté une belle voiture.

«Toutes ces grâces concrètes, en plus du sentiment d'harmonie qui m'habite, sont venues à moi non pas parce que j'avais acquis de nouvelles habiletés, mais parce que je me suis mise à demander une vie meilleure. Je prononçais chaque jour les paroles suivantes: *«Je suis la riche héritière d'un Père aimant»*, pour me donner l'assurance que je méritais toutes ces choses et même davantage.»

Comment un avocat réussit son examen du barreau

Après s'être conditionné mentalement à accepter son héritage spirituel consistant en «rien de moins que l'idéal », un jeune avocat a réussi à passer l'examen du barreau et à se joindre à un cabinet d'avocats prospère du Texas.

Voici ce qu'il écrit :

« J'ai obtenu mon diplôme en droit. Toutefois, pendant le congé des fêtes, la joie d'avoir enfin terminé mes études a fait place à la crainte d'échouer l'examen du barreau. En effet, malgré ces trois années de dur labeur pour décrocher ce diplôme, je n'obtiendrais le droit de pratiquer cette profession que si je réussissais cet examen.

« J'ai commencé le cours de révision préalable à l'examen, un cours d'une durée de 30 jours. Pendant les trois premières semaines, j'étudiais en moyenne 15 heures par jour, mais j'avais le sentiment de me diriger vers un échec. Tout reposait sur cet examen : mes perspectives d'emploi, ma conjointe – qui avait travaillé aussi dur que moi pour me permettre de faire mes études – ainsi que mes enfants. Je n'avais pas suffisamment confiance en moi pour supporter cette terrible pression. À la fin de la troisième semaine du cours de révision, j'étais au bord de l'épuisement et à la veille de perdre la raison.

« Pendant ce week-end, ma mère nous a rendu visite et m'a donné un exemplaire du livre de Catherine Ponder, *Les Lois dynamiques de la prospérité*. Je lis rarement les livres que me suggère ma mère, car nos goûts littéraires sont très différents. Cependant, pour une raison que j'ignore, je me suis assis sur la véranda et j'ai commencé à lire cet ouvrage. Il est difficile de décrire ce que j'ai ressenti en lisant que la prospérité et la réussite constituaient l'héritage qui me revenait et que je devais réclamer. Tout ce que je sais, c'est que ces idées m'ont rapidement redonné confiance en moi. Lorsque j'ai terminé le livre, j'ai senti que mes épaules étaient soulagées d'un lourd fardeau. Le jour suivant, de retour au cours de révision, j'étais stupéfait de constater la confiance que je ressentais désormais.

«Eh bien, j'ai réussi l'examen et j'ai été admis au barreau du Texas. En août, un cabinet d'avocats du sud de l'État m'a embauché pour ouvrir et diriger une de leurs succursales située dans la pittoresque campagne du centre du Texas. C'est exactement l'emploi dont je rêvais: il me permet d'être mon propre patron, de vivre dans une petite ville et de gagner décemment ma vie. Toutes ces grâces sont venues lorsque j'ai compris qu'à titre d'enfant de Dieu, j'ai droit à rien de moins que l'idéal.»

Le résultat d'une «conscience de première classe»

Il était une fois un jeune homme qui avait pris au pied de la lettre ce vieux cliché: «Voyager en première classe coûte seulement quelques sous de plus». Grâce à cette attitude positive, il réussissait tout. Il avait une charmante épouse, de beaux enfants, une maison confortable, un bon emploi et une excellente santé. En fait, sa vie était pleine et satisfaisante grâce à sa fidélité à ce cliché.

Comment un agent immobilier prospéra

Il ne fait aucun doute que le Maître lui-même possédait une conscience de «première classe», il y a de cela 20 siècles. Non seulement Il avait une grande conscience de la prière et de la guérison, mais Jésus possédait également une conscience qui lui dictait «rien de moins que l'idéal», comme le prouvent Ses miracles et Ses paraboles au sujet de la prospérité.

Parmi Ses nombreuses promesses se trouve celle-ci: «Il y a beaucoup de demeures dans la maison du Père, sinon, je vous l'aurais dit; je vais vous préparer une place.» (Jean 14, 2) Un jour, un agent immobilier médita sur cette promesse de prospérité de Jésus et reçut dès le lendemain deux contrats de vente de maison!

Comment réclamer l'idéal

Vous pensez peut-être: «Comment réclamer *rien de moins que l'idéal* dans tous les aspects de ma vie? Que puis-je faire pour que cela se réalise?»

Voici une affirmation qui a fait des miracles pour bon nombre de gens: ***«Dieu est si bon, la vie est si merveilleuse et je suis si richement béni.»*** Une telle façon de penser nous aide à ouvrir notre esprit à ce qu'il y a de mieux dans la vie.

Une autre déclaration m'a aidée au fil des ans à accroître petit à petit mon mieux-être: ***«L'idéal me revient de droit divin. J'ai dès maintenant confiance que mon droit divin m'apportera l'idéal.»***

En faisant de ces déclarations votre «vœu de prospérité», vous deviendrez riche intérieurement, puis extérieurement.

Des prêtres millionnaires

Le droit d'obtenir rien de moins que l'idéal a des racines profondes dans la Bible. Les prêtres de l'Ancien Testament étaient millionnaires; en effet, en vertu de la loi que Yahvé transmit à Moïse par les espaces célestes, il fut décrété qu'il fallait subvenir généreusement à tous leurs besoins. (Nombres 18, 21-32)

Lorsqu'on divisa la Terre promise, 11 des 12 tribus d'Israël se la partagèrent *totalement*. La douzième tribu, les Lévites, était composée de prêtres et ne reçut *rien*. Au lieu de cela, il fut prévu que les onze autres tribus verseraient aux Lévites *toutes* leurs dîmes. De leur côté, les Lévites devaient partager une «dîme de la dîme», appelée «prélèvement de Yahvé» (Nombres 18, 21-32), avec le tabernacle et plus tard avec le temple. Par cette méthode, on pouvait répondre à profusion à la fois aux besoins des prêtres et aux besoins des lieux de culte. Les prêtres étaient parés des plus beaux vêtements et bijoux. (Exode 28, 40) Les lieux de culte étaient décorés d'or, de bois précieux et de tissus parmi les plus beaux. (Exode 25, 26, 27)

Pourquoi le Père aimant a-t-il décrété qu'on devait prendre grand soin des prêtres avec les dîmes prélevées à même la riche Terre promise? Peut-être parce qu'Il savait que les prêtres devaient se libérer de tout souci terrestre ou matériel afin d'avoir tout le loisir de grandir sur le plan spirituel et de mener leurs fidèles toujours plus loin dans leur quête spirituelle.

À titre d'enfants de Dieu, nous sommes tous, dans un sens, des prêtres. En développant une conscience de prospérité, nous nous affranchissons de l'esclavage que dicte une existence matérielle. Ainsi, nous devenons libres nous aussi de grandir sur le plan spirituel et d'aider nos semblables.

Les puritains croyaient à la prospérité

La prospérité est non seulement notre héritage spirituel, mais également notre héritage national ! Les premiers puritains avaient la conviction que l'homme était sur terre pour utiliser pleinement ses talents et, pour prospérer, que telle était la volonté divine. Pour eux, l'absence de prospérité était un signe de disgrâce divine. Ils considéraient les gens pauvres comme des pécheurs.

Comment une enseignante obtint l'idéal

Nous devons nous attendre à l'idéal et, par conséquent, vivre de façon à ce que l'idéal fasse partie intégrante de notre vécu. Lorsque nous osons le faire, nous faisons souvent des progrès remarquables en très peu de temps !

Votre existence passée importe peu. En commençant dès maintenant à attendre l'idéal, votre attente elle-même vous fera rapidement faire des progrès remarquables !

L'attente de l'idéal donne des résultats sur tous les plans. Une enseignante s'attendait toujours à ce que ses élèves réussissent, et ils réussissaient. Pourtant, ces mêmes élèves n'avaient pas toujours de bons résultats avec d'autres enseignants, mais avec cette dernière, leurs résultats étaient toujours excellents. En fait, elle s'attendait à la réussite et elle l'obtenait à coup sûr.

Le poète et philosophe allemand Gœthe disait: «Si vous traitez les gens comme s'ils étaient à la hauteur de leurs aspirations, vous les aiderez à devenir ce qu'ils peuvent être.» Cette femme le démontra.

Une expérience fut menée dans une école. On confia, à certains enseignants, des écoliers de la maternelle à la cinquième année. On dit ensuite aux enseignants que ces écoliers étaient particulièrement brillants, alors qu'en vérité, ils se situaient dans la moyenne.

Pourtant, à la fin de l'année, ces écoliers moyens obtinrent des résultats scolaires fameux. De plus, ils étaient beaucoup plus fiers d'eux-mêmes que les autres écoliers de l'école.

Pourquoi? Parce qu'ils avaient répondu aux attentes positives de leurs enseignants. Comme ces derniers les considéraient comme les meilleurs, ils le devinrent.

Lorsque nous osons exiger le meilleur pour les autres et nous-même, nous ouvrons la voie à l'idéal, qui survient parfois rapidement. Quelle que soit la situation, nous faisons des progrès énormes en pensant de cette façon: «Rien de moins que l'idéal».

Comment un médecin obtint des guérisons remarquables

Il y eut un jour un médecin capable de guérir beaucoup de patients que d'autres médecins avaient été incapables de soigner. Son dossier scolaire à la faculté de médecine ne montrait rien d'extraordinaire et il avait été un étudiant somme toute très ordinaire.

Pourtant, les gens qui venaient le voir, même après avoir cherché de l'aide ailleurs, obtenaient souvent une guérison rapide. Une enquête en révéla la raison: il exigeait le mieux pour ses patients.

Aux malades qui semblaient à l'agonie, il allait jusqu'à dire que rien ne les empêchait de se sentir mieux immédiatement. Et c'est souvent ce qui se produisait. Il répétait aux gens: «Vous pouvez aller mieux, car vous allez beaucoup mieux que vous ne le pensez.» Par ces paroles constructives, les patients s'attendaient donc à se sentir mieux. Et cette méthode fonctionnait.

L'attitude conditionne la guérison

Une infirmière de San Antonio, au Texas, raconte: «Règle générale, nous pouvons prédire la durée de convalescence d'un patient par son attitude au moment de son admission à cet étage-ci de l'hôpital.

«À peu de chose près, tous les patients de cet étage sont aux prises avec le même problème de santé. Lorsqu'ils sont admis en chirurgie, c'est généralement pour y subir la même opération. Selon les normes habituelles, ils devraient tous en principe se rétablir et retourner chez eux après la même période de temps. Ce n'est toutefois pas ce qui se produit.»

Cette infirmière poursuit: «J'ai découvert quelque chose en commençant dans ce métier, il y a 20 ans. J'ai rapidement pris conscience que l'attitude détermine la convalescence du patient. Lorsqu'un patient admis à cet étage nous donne du fil à retordre, se montre désagréable ou difficile à traiter, ou encore lorsqu'il fait tout un plat de sa maladie, nous sommes alors convaincus que son opération sera difficile et sa convalescence, longue.

«En revanche, si le patient a une attitude aimable, harmonieuse, coopérative et optimiste, son opération se déroule sans histoire et sa convalescence est rapide.»

Puis, elle conclut: «Après l'opération, les optimistes retournent chez eux après 5 ou 7 jours. Ceux qui sont moins positifs retournent chez eux après 10 ou 15 jours. Enfin, les pessimistes retournent chez eux après environ 3 semaines et ne recouvrent jamais complètement la santé. En conclusion, tout repose sur l'attitude.»

Un nouveau travail et un nouveau mariage

Il était une fois une veuve âgée de 52 ans qui avait un travail mal payé, peu valorisant et ennuyant. Un jour, elle découvrit qu'elle pouvait avoir tout ce qu'elle attendait de la vie. Elle apprit que, si elle attendait le meilleur de la vie, elle pouvait encore l'obtenir, peu importent son âge ou son statut social.

Elle décida donc de vérifier si l'attente de l'idéal donnait des résultats. Elle dressa une liste des bénédictions qu'elle souhaitait recevoir: un meilleur emploi, une vie plus heureuse et peut-être même un nouveau mariage.

Peu de temps après avoir commencé à réfléchir à cette liste, elle apprit que l'État de l'Alaska était un endroit en pleine effervescence. Elle écrivit alors au plus important journal de l'endroit pour demander de l'information.

L'éditeur de ce journal lui répondit personnellement pour l'encourager à venir en Alaska : le moment était propice, disait-il, car il y avait beaucoup d'emplois et on ne tenait pas compte de l'âge. Elle boucla ses valises pour déménager en Alaska, où elle trouva un emploi de sténographe.

Six mois plus tard, elle épousa un gentilhomme et commença une existence heureuse. Elle raconta par la suite : « Il y a beaucoup de gens qui se plaignent de la malchance, des mauvais coups du sort, des circonstances imprévues, du vieillissement. C'est pour eux que j'ai voulu raconter mon histoire. Si les gens attendaient le meilleur de la vie au lieu d'attendre la malchance et les mauvais coups du sort, ils renverseraient le cours des choses. »

Cette dame révéla ensuite les affirmations qu'elle avait utilisées pour renverser le cours de son existence : « *Aujourd'hui et chaque jour, j'attends le meilleur de la vie. Des événements merveilleux surviennent dans ma vie dès maintenant. Tout ce que j'entreprends donne de bons résultats pour les autres et pour moi* ». Elle avait aussi l'habitude de dire : « *Des événements merveilleux se produiront certainement.* » Et ils se produisaient.

Un conférencier reconnu affirme : « Personne ne doit vivre sa vie comme un mendiant alors qu'il peut être un roi. » Cette femme qui est déménagée en Alaska l'a démontré.

Méditer sur l'idéal pour obtenir l'idéal

Pour réclamer votre don de l'« idéal », il est utile de commencer à méditer quotidiennement sur ces paroles: «*En tant qu'enfant de Dieu, l'idéal me revient de droit divin. J'attends désormais l'idéal de la vie. Je fais en sorte que l'idéal fasse partie prenante de mon existence. Si j'ose attendre l'idéal, je ferai rapidement des progrès remarquables. Attendre l'idéal pour les autres produit également des résultats remarquables dans leur vie. Aujourd'hui et chaque jour, j'attends l'idéal, des événements merveilleux surviennent dans ma vie au fur et à mesure que je réclame mon héritage spirituel qui ne peut être autre chose que l'idéal.*»

EN RÉSUMÉ

1. Trop souvent, les gens ont été conditionnés à demander moins que l'idéal, à s'y résigner et à vivre entourés de limites. Ce conditionnement repose en partie sur une ancienne et fausse croyance à propos de Dieu, de l'homme et de la relation entre eux.

2. Lorsque nous découvrons la vérité infinie de la bonté de Dieu et à quel point l'être humain y a accès, nous nous libérons des fausses croyances et des résultats limités qui en découlent.

3. Nos croyances à propos de Dieu et de l'homme peuvent nous mener soit vers une vie misérable, soit vers l'acceptation et la revendication de ce qu'il y a de mieux dans la vie.

4. L'affirmation répétitive des paroles suivantes: «*Rien de moins que l'idéal; l'idéal me revient de droit divin*» peut nous aider à réclamer notre héritage spirituel d'un mieux-être illimité.

5. L'idée voulant que l'on possède un droit à *rien de moins que l'idéal* a ses racines dans la Bible. Les prêtres de l'Ancien Testament étaient millionnaires; en vertu de la loi de Moïse, il fut décrété qu'on subviendrait généreusement à tous leurs besoins. En tant qu'entités spirituelles, nous sommes, nous aussi, des prêtres, ce qui nous donne droit à ce qu'il y a de mieux.

6. Lorsque nous développons une conscience de prospérité, nous nous affranchissons de l'esclavage d'une existence matérielle et nous pouvons nous aussi grandir sur le plan spirituel et aider nos semblables.

7. La prospérité est non seulement notre héritage spirituel, mais également notre héritage national! Les premiers puritains croyaient que l'homme était sur terre pour utiliser pleinement ses talents et pour prospérer, conformément à la volonté divine.

8. Nous devons aspirer à l'idéal et vivre de telle façon que l'idéal devienne partie intégrante de notre vécu. Lorsque nous osons le faire, nous faisons souvent des progrès remarquables en très peu de temps!

9. L'attente de l'idéal donne des résultats sur tous les plans et ouvre la voie au mieux-être, de sorte que santé, richesse, bonheur et compréhension spirituelle deviennent parties intégrantes de l'existence quotidienne de l'être humain.

10. Méditez chaque jour ces paroles: «*Rien de moins que l'idéal*». Vous ouvrez ainsi la voie à ce qu'il y

a de mieux dans tous les domaines de la vie. De même, lorsque vous méditez chaque jour ces paroles pour les membres de votre entourage, vous utilisez un des meilleurs moyens de les bénir et de les aider.

Chapitre 5

Le don de la « conscience des autres »

*D*ans un article de journal, on pouvait lire: « Trop de gens essaient de régler le sort du monde avant de mettre de l'ordre dans leur propre vie. » Rien de plus vrai. Si nous pouvions d'abord régler nos propres frustrations, il serait plus facile de résoudre celles de la planète.

En tant qu'être spirituel créé à l'image de Dieu et selon Sa volonté, vous pouvez dominer votre univers, c'est-à-dire prendre la liberté de choisir les gens qui entrent dans votre vie et qui en sortent. Vous avez la liberté de transformer votre univers. Si vous n'aimez pas votre monde ou les gens qui y évoluent, vous pouvez y changer quelque chose, car vous possédez le don de la «conscience des autres».

La majorité des gens sont persuadés du contraire: ils croient qu'on ne peut rien changer à son univers ou aux gens qui en font partie. Ils ne peuvent s'empêcher de penser qu'ils doivent supporter et souffrir la présence de gens indésirables.

C'est faux! Vous pouvez changer le cours des choses en changeant d'abord votre «conscience des autres», c'est-à-dire votre attitude envers les autres. Ce sont les idées dont vous *nourrissez* votre esprit qui modèlent votre conscience (pensées et émotions); vous pouvez changer votre conscience en changeant les idées que vous *nourrissez* sur les plans mental et affectif.

Au lieu d'essayer de changer les autres, vous devriez travailler à changer vos pensées et vos sentiments à leur égard. Ce faisant, vous constaterez l'une des deux choses suivantes: soit que les gens de votre entourage réagiront harmonieusement, soit qu'ils disparaîtront de votre vie et iront chercher ailleurs leur mieux-être. Ainsi, tout le monde y trouve son compte et est heureux.

La loi de l'attraction

Toutes les personnes de votre entourage le sont par la loi de l'attraction. Consciemment ou non, vous les avez attirées par vos pensées et vos émotions, que ce soit dans cette vie ou à un autre moment.

Certains mystiques prétendent qu'on rencontre seulement des gens que l'on a déjà connus. Selon eux, ce sont les liens de l'amour ou de la haine qui attirent dans nos vies les gens issus du passé. Ils croient que chaque rencontre est un rendez-vous divin qui permet de tirer des enseignements et de parachever certaines tâches d'ordre affectif.

Dans tous les cas, vos problèmes et vos bénédictions sont liés à des individus. C'est pourquoi *le déve-*

loppement d'une «conscience des autres» est un des meilleurs moyens d'améliorer votre univers.

Vous avez probablement déjà entendu quelqu'un dire: «J'aime la vie, mais je ne supporte pas les êtres humains.» Lorsque les gens de votre entourage vous préoccupent, rappelez-vous sans cesse: *«Rien ni personne ne peut m'empêcher d'obtenir ce que l'univers me réserve. Tout ce qui a été fait contre moi tourne maintenant à mon avantage.»*

La veuve qui refusait de se libérer de la solitude

Des gens se plaignent constamment de leur entourage. Pourtant, lorsqu'on leur en donne l'occasion, ces plaignards refusent de le renouveler. Ils tiennent trop à leurs «gens à problèmes»; ils refusent de s'en libérer.

J'ai connu une veuve très esseulée. Elle venait souvent me voir à l'église où je servais comme ministre du culte. Elle disait vouloir faire autre chose dans la vie que de visiter ses enfants et leur famille. Ensemble, nous priâmes et demandâmes à Dieu d'amener de nouvelles personnes dans sa vie, et c'est ce qu'Il fit.

Un jour, un des membres de notre église lui présenta son frère qui était veuf. Les deux veufs découvrirent qu'ils avaient beaucoup de choses en commun. Ils étaient par ailleurs tous les deux en bonne santé et financièrement autonomes.

Lorsque le veuf demanda à la veuve de l'épouser, elle refusa, même si elle avait cru que c'était ce qu'elle recherchait. Pourquoi? L'homme avait plus de 70 ans, elle était dans la soixantaine: «Il est trop vieux pour moi!», dit-elle.

Un Père aimant avait tenté d'exaucer ses prières, mais cette veuve refusait de changer sa «conscience des autres». Tout ce qu'elle voulait, c'était d'avoir quelque chose dont elle pouvait se plaindre. Elle continua donc de vivre seule et de prétendre qu'elle n'aimait pas sa vie. Incroyable, n'est-ce pas?

La «conscience des autres» peut apporter des changements

Dieu est la source de votre mieux-être, mais Il utilise les autres pour faire venir à vous Ses bénédictions.

C'est avec humilité et inspiration que l'on constate à quel point notre mieux-être nous parvient à travers les autres. Et c'est avec humilité, mais peu d'inspiration, *que l'on constate à quel point nous obstruons les voies d'accès à notre mieux-être en n'appréciant pas les gens de notre entourage.*

Lorsque nous n'ouvrons pas notre esprit à la possibilité de faire entrer de nouvelles personnes dans notre vie, des personnes qui nous apporteraient de nouvelles grâces, nous bloquons encore les voies d'accès à notre mieux-être.

Je fus un jour ministre invitée dans une petite église amorphe. Évidemment, je fis différentes choses pour essayer de réveiller cette église et l'aider à croître. Mais, lorsqu'elle commença à croître, les membres de longue date n'en étaient pas contents. Ils n'aimaient pas les gens qui venaient de devenir membres de leur église. Ils disaient: «Maintenant, lorsque je viens à l'église, je ne connais plus personne. Tout ce que je vois, ce sont ces *étrangers*.»

Cette attitude est très répandue. La plupart d'entre nous ont tendance à s'opposer aux nouvelles personnes qui entrent dans nos vies au milieu d'une période de changement, même lorsqu'elles viennent pour nous aider à résoudre nos problèmes et nous apporter des grâces.

Pourquoi côtoyons-nous des gens à problèmes?

Qu'en est-il de notre «conscience des autres»? Comment la développer volontairement afin qu'entrent dans nos vies des gens heureux, harmonieux et aux idées avancées avec lesquels nous serions en accord? Comment éliminer de nos vies le «bois mort» – tous ces gens à problèmes qui nous dérangent, et dont nous ne souhaitons plus la présence?

C'est par la volonté divine que ces gens à problèmes se trouvent dans nos vies (bien que cette volonté ne semble pas toujours divine). Ces gens sont là parce que nous les avons attirés dans nos vies pour ces deux raisons:

Premièrement: les gens à problèmes se trouvent dans nos vies pour que nous les bénissions.

Deuxièmement: ces indésirables se trouvent dans nos vies parce que nous avons quelque chose à apprendre d'eux.

Si nous nous opposons à ces gens, si nous nous disputons avec eux ou si nous les critiquons, nous ne faisons que les maintenir dans nos vies par la seule force de nos émotions négatives. C'est ce que la plupart d'entre nous font.

En revanche, si nous prenons conscience que ces gens sont là par la volonté divine, pour que nous les bénissions et pour que nous apprenions quelque chose d'eux, il est alors beaucoup plus facile de faire ce qu'il faut faire et d'être libre de nouer de nouvelles relations plus harmonieuses.

Au lieu de vous opposer aux gens à problèmes et de les critiquer, dites-leur mentalement: «*C'est par la volonté divine que vous êtes dans ma vie. Vous croisez mon chemin pour que j'en tire des enseignements. Vous croisez mon chemin pour que je vous bénisse. Je vous donne librement ma bénédiction et je vous libère pour que vous trouviez ailleurs votre mieux-être suprême.*»

En pensant de cette façon, vous extirpez le venin des relations malheureuses et vous commencez à les remettre dans le droit chemin.

Comment l'auteure se libéra de gens à problèmes

Un jour, je pris conscience que j'étais entourée de gens indésirables avec lesquels je n'avais rien en commun. Aussi longtemps que je les condamnai, je fus incapable de m'en libérer. Mes critiques me rattachaient même davantage à eux.

Toutefois, dès que je commençai à les bénir comme des gens faisant partie de mon mieux-être, ils réagirent. Bientôt, je fus libérée de cette situation grâce à un nouvel emploi et à un changement du cours de ma vie. De nouvelles portes s'ouvrirent à moi seulement lorsque je cessai de critiquer ces gens et que je commençai à les bénir.

Récitez les paroles de libération

Trop souvent, nous passons notre temps à résister aux gens de notre entourage, à nous y opposer et à les combattre mentalement. Pourtant, si nous prenions la peine de réciter les paroles de libération à leur égard, ces gens quitteraient rapidement notre vie.

Voici une déclaration efficace de libération: «*Dieu amène à moi les bonnes personnes, celles qui peuvent m'aider et me rendre heureux, celles que je peux aider et rendre heureuses. Celles qui ne concourent pas à mon mieux-être suprême disparaissent de ma vie et trouvent leur mieux-être ailleurs. Je les bénis dans leur quête.*»

Une maîtresse de maison était désespérée: son mariage la rendait malheureuse, mais elle s'y sentait liée à cause de ses six enfants. Lorsqu'elle découvrit le pouvoir que les paroles de libération pouvaient avoir sur les relations non harmonieuses, elle décida de tenter sa chance. Chaque jour, elle déclarait: «*Rien ne peut limiter ma vie. Le Christ en moi me libère de toute limite. Je suis libre de toute entrave et de tout lien. J'entretiens dès maintenant une relation véritable avec tous les gens et toutes les situations.*»

Même si la déclaration quotidienne de ces paroles lui redonna un certain espoir, elle ne fut pas libérée de son mariage malheureux. Et même, lorsque sa relation avec son époux devint plus harmonieuse, elle continua de penser que son mariage arrivait à son terme.

C'est alors qu'elle apprit que le pouvoir des mots pouvait libérer les gens de son entourage. Elle découvrit que, lorsqu'on les libère, ceux qui doivent rester dans notre vie restent. Ceux qui doivent partir le font sereinement.

Elle commenca donc à utiliser chaque jour ces paroles de libération très précises: «*Dès maintenant, je libère toute personne et toute chose qui ne font pas partie du plan divin de ma vie et j'en suis libérée. Toute personne et toute chose qui ne font plus partie du plan divin de ma vie me laissent libre et trouvent ailleurs leur mieux-être. J'avance dès maintenant dans le plan divin de ma vie, là où toutes les conditions sont toujours parfaites.*»

Peu après, son mari accepta de divorcer. Pourtant, il avait dit qu'il n'y consentirait jamais. Les procédures de divorce se déroulèrent si sereinement que peu de gens en eurent connaissance. Une fois le divorce prononcé, cette femme emmena ses six enfants en visite chez ses parents vivant dans un autre État. C'est lors de cette visite qu'elle rencontra un homme distingué qu'elle épousa.

Quant à ses six enfants, leur présence s'avéra une véritable bénédiction pour le nouvel époux, car il vivait sur un ranch. Bref, cette nouvelle vie plus heureuse fut bénéfique pour tous.

Tout cela survint seulement quand cette maîtresse de maison malheureuse commença à prononcer les paroles qui la libérèrent des relations discordantes de sa vie.

Il faut aussi libérer les gens que l'on aime

Parfois, ce ne sont pas les gens que vous détestez, mais ceux que vous aimez le plus, qui sont la cause de vos tracas. Leur amour pour vous et les liens qui les rattachent à vous engendrent un sentiment de possession, de domination, de dépendance qui les transforme en «indésirables ou en gens à problèmes». Les relations familiales discordantes en sont souvent le symptôme.

Si vous vous sentez prisonnier des gens que vous aimez, il est temps de déclarer: «*Rien ne peut me limiter. Le Christ en moi me libère de toute limite. Je suis libre de toute entrave et de tout lien.*»

Pour vous sentir libre envers les gens que vous aimez, vous pouvez déclarer souvent: «*J'aime tout le monde et tout le monde m'aime sans aucune attache.*» Les gens qui se sont excessivement attachés à vous trouveront d'autres sujets de prédilection et sortiront tout naturellement de votre vie. Votre relation avec eux deviendra mieux équilibrée et plus libre, et vous pourrez à nouveau en jouir.

La liberté affective amène souvent des changements

Des choses surprenantes peuvent survenir lorsqu'on commence à réciter les paroles de libération pour s'affranchir d'un lien. Règle générale, la décision de s'affranchir des choses achevées dans sa vie provoque des changements.

Nous souffrons de nombreux maux parce que nous nous lions à tort à des personnes et à des choses, ou parce que nous laissons des personnes et des choses se lier indûment à nous.

Tout ce que nous abandonnons n'est pas uniquement ce qui pose problème. Notre mieux-être est rarement statique. Il est en constante évolution. Il évolue et il change, et nous devons évoluer et changer de concert avec lui. Nous devons abandonner certaines formes familières du mieux-être lorsque notre évolution ou celle d'autrui l'exige. Ce faisant, rien ne peut nous enlever ce qui nous appartient de droit divin.

Comment se libérer de l'opinion d'autrui

Lorsque nous réclamons notre liberté, il faut ignorer ce que les autres croient que nous devrions faire ou ne pas faire. *Lorsque nous apprenons à nous libérer de l'opinion d'autrui, la plupart de nos problèmes peuvent se résoudre.* (Bien entendu, il est sage de demander conseil à des professionnels sur des questions techniques, que ce soit à un médecin, un avocat, un comptable, un courtier, un agent immobilier ou un banquier. Toutefois, il faut ensuite évaluer le conseil reçu, en s'appuyant sur ses sentiments profonds pour décider ce qui est le mieux pour soi).

Il faut également apprendre à ne pas dire aux autres quoi faire ou ne pas faire. Eux aussi possèdent une intelligence divine qui les guide. Il est sage de prier pour que cette intelligence divine leur montre la voie à suivre. Si la tentation de donner ou de recevoir un conseil non sollicité est trop forte, déclarez alors ceci: «*Je te déclare libre de l'opinion d'autrui. Je me déclare libre de l'opinion d'autrui. Toutes les choses reviennent dès maintenant à leur place, rapidement et sereinement.»*

Un médecin prouva que ce qui est bon pour un est bon pour tous

Vous pouvez vous libérer de l'opinion d'autrui en prenant conscience que ce qui convient le mieux à vos sentiments profonds est également ce qui convient le mieux à toutes les personnes concernées autant qu'à vous-même. «Ce qui est bon pour un est bon pour tous», dit un vieux dicton.

Une mère avait trimé dur pour payer des études de médecine à son fils. Lorsque celui-ci ouvrit un petit cabinet dans sa ville natale, tout allait pour le mieux. Un jour, on l'invita à aller étudier en Europe avec un célèbre psychiatre. Il hésita car cela signifiait qu'il lui faudrait laisser sa mère seule pendant une longue période.

Les amies de la mère disaient: «Ton fils est égoïste. Après tous tes sacrifices, le voilà qui te laisse seule pour se payer du bon temps à l'étranger.»

Vous avez peut-être déjà ressenti la culpabilité que les autres veulent vous faire éprouver lorsqu'ils vous considèrent égoïste selon *leurs* critères. Avec sagesse, ce jeune médecin jugea que la vie de sa mère et sa propre vie seraient meilleures s'il partait étudier à l'étranger. Et c'est ce qu'il fit.

Sa mère se sentit très seule au début, mais elle s'habitua petit à petit à son absence. Lorsque son fils revint, il devint un excellent psychiatre et fut capable de donner à sa mère plus qu'elle ne l'avait jamais imaginé. Elle connut un bonheur plus grand que dans ses rêves les plus fous.

Ce jeune médecin prouva qu'*à long terme, si une chose est bonne pour vous, elle l'est pour toutes les personnes concernées*. De même, à long terme, si une chose n'est pas bonne pour vous, elle ne l'est pour personne.

Si vous cessez de vouloir plaire aux autres à tout prix, vous résoudrez une grande partie de vos problèmes personnels. Ne vous nourrissez plus de l'opinion d'autrui. Concentrez-vous sur ce qui est bon pour vous. Ce qui vous convient le mieux convient également aux autres. Ne vous préoccupez pas de ce que les autres pensent. Ce qui importe, c'est ce que *vous* pensez.

Si vous faites ce qui est bon pour vous, ce sera bon pour autrui. Si vous sentez dans votre for intérieur que votre décision est la bonne, c'est qu'elle participe à votre mieux-être suprême. Vous n'êtes redevable qu'à l'Esprit de la Vérité qui vous habite. Lui seul doit vous guider lorsque vous vous interrogez sur votre loyauté.

Ce qui est juste procure la sérénité

Pour découvrir ce qui est bon pour vous, faites ce qui vous procure un sentiment de sérénité.

Tout ce qui engendre conflits et discordes est faux. Tout ce qui engendre un sentiment de sérénité est bon. Il y eut un temps où j'avais des gens à problèmes dans ma vie; malgré tous mes efforts intérieurs, rien ne parvenait à régler la situation. Plus je réfléchissais à ce problème, plus je ressentais un conflit intérieur qu'il me fallait absolument résoudre. Je décidai donc de bénir ces personnes et de les libérer mentalement pour trouver la paix. Ma prière était simple: **«*En toute sérénité, je vous bénis et je vous libère.*»**

Cette méthode fonctionna. Ces gens disparurent rapidement de ma vie. Plusieurs mois plus tard, lorsque je les revis, le calme et l'ordre étaient revenus.

Tout ce qui vous procure un sentiment de paix est bon pour vous. Tout ce qui engendre un sentiment de conflit est *mauvais* pour vous. Lorsque vous déclarez: **«*En toute sérénité, je vous bénis et je vous libère*»**, vous pavez la voie à la résolution de la situation. *Souvent, lorsque l'on bénit et libère des personnes et des situations, tout rentre dans l'ordre.*

Que faire pour être heureux?

Une autre façon de développer une «conscience des autres» qui soit heureuse consiste à prendre position, dans votre esprit, sur votre vie et sur les gens qui s'y trouvent. Dites-vous: **«*J'ai le droit d'être heureux et je réclame immédiatement mon bonheur.*»**

Puis, cessez de vous plaindre. Cessez de parler aux autres des «personnes qui vous posent problème». Commencez à chercher l'aspect positif chez vos parents, vos amis et vos collègues. Quand on vous demande comment ça va, déclarez la vérité telle qu'elle vous habite. Dites que les choses s'améliorent sans cesse, que vous vous sentez bien, que la vie est merveilleuse.

Cessez de parler de ce que vous ne voulez *pas*. Cessez de discuter des gens qui vous ont rendu malheureux. Cessez d'alimenter des situations déplaisantes par vos propos négatifs. Une attitude négative ne ferait que les aviver.

Commencez à faire des choses nouvelles et différentes. Stimulez votre vie sociale. Agrandissez votre cercle d'amis, mais faites-le d'une façon bien précise. Cessez de fréquenter des gens qui ne vous inspirent rien, qui ne vous aident pas à grandir. Ils ne peuvent rien faire de bon pour vous.

Faites délibérément entrer dans votre vie sociale les gens qui ont les mêmes pensées et les mêmes croyances que vous. Ce sont eux qui peuvent vous apporter une amitié constructive. Cessez de faire des compromis sur le genre de personnes que vous acceptez dans votre entourage. Vous devrez peut-être travailler avec des gens que vous n'aimez pas (du moins jusqu'à ce que vous ayez acquis une bonne «conscience des autres»), mais rien ne vous oblige à socialiser avec eux. Cherchez la détente uniquement auprès de personnes heureuses et constructives.

Voici pourquoi cette façon d'agir est si importante:

Lorsque vous êtes détendu, votre subconscient absorbe les suggestions beaucoup plus rapidement. Ces suggestions, qu'elles soient négatives ou positives, produisent très rapidement des résultats dans votre vie. D'où la nécessité de vous détendre seulement auprès de personnes heureuses qui pensent et parlent de façon constructive.

Dans la vie, les gens que l'on rencontre appartiennent à une des trois catégories suivantes: *premièrement*, ce sont les gens que vous pouvez aider; *deuxièmement*, ceux qui se trouvent au même niveau mental, affectif et financier que vous; *troisièmement*, ceux qui peuvent vous aider.

Lorsque vous décidez de décompresser, faites-le en compagnie de gens appartenant à ces deux dernières catégories. N'essayez pas de relâcher votre tension nerveuse auprès de gens qui ont besoin de votre aide, car vous vous laisserez épuiser mentalement et affectivement. Avec ces gens, la détente est laborieuse et toujours décevante; les soi-disant moments de détente se transforment en travail. Et, comme ce travail s'exécute de façon informelle, vous ne serez pas rémunéré pour votre temps et vos efforts.

Comment l'auteure amena de nouvelles personnes dans sa vie

Un jour où j'avais désespérément besoin de sang neuf à la fois dans l'église que je servais et dans ma vie personnelle, je fis discrètement une «carte de personnes», comme on ferait une carte géographique. Sur un grand et magnifique carton rose, je plaçai des images de gens heureux. Il y avait des jeunes, des retraités et de nombreux couples mariés souriants.

Après quelques semaines pendant lesquelles je regardai chaque jour ma «carte de personnes», je me rendis compte que de nouvelles personnes entraient dans ma vie. En moins de six mois, ma vie se remplit de nombreuses nouvelles personnes qui semblaient me convenir parfaitement. Certains de mes meilleurs amis entrèrent dans ma vie au cours de cette période.

Égayez votre univers

Soyez plus gai. Égayez votre lieu de travail et votre foyer. Soyez plus actif. Trouvez des choses qui vous rendent heureux. Rappelez-vous sans cesse: *«Un Père aimant désire que je sois heureux comme jamais je ne l'ai été! J'ai le droit divin d'être heureux et je réclame immédiatement mon bonheur.»* Ensuite, ouvrez toutes grandes les portes qui vous amèneront de nouvelles personnes et un nouveau mieux-être. Vous serez peut-être étonné des résultats! Quelle merveilleuse façon d'ouvrir son esprit pour recevoir.

EN RÉSUMÉ

1. La majorité des gens sont persuadés qu'ils ne peuvent rien changer à leur entourage. C'est faux! Si vous n'aimez pas votre univers ou les gens qui y évoluent, vous pouvez les changer en changeant d'abord votre «conscience des autres».

2. Vous pouvez changer votre «conscience des autres» en changeant vos pensées et vos sentiments à l'égard des gens à problèmes. Ce faisant, soit que les gens de votre entourage réagiront harmonieusement, soit qu'ils disparaîtront de votre vie et iront chercher ailleurs leur mieux-être.

3. Toutes les personnes qui sont dans votre entourage le sont par la loi de l'attraction, pour que vous les bénissiez et tiriez d'eux des enseignements.

4. Au lieu de vous opposer aux gens à problèmes et de les critiquer, dites-leur mentalement: «*C'est par la volonté divine que vous êtes dans ma vie. Vous croisez mon chemin pour que j'en tire des enseignements. Vous croisez mon chemin pour que je vous bénisse. Je vous donne librement ma bénédiction et je vous libère pour que vous trouviez ailleurs votre mieux-être suprême.*» En pensant de cette façon, vous extirpez le venin des relations malheureuses et vous commencez à les remettre dans le droit chemin.

5. Si vous preniez la peine de réciter les paroles de libération, beaucoup de gens quitteraient rapidement votre vie. Parfois, ce ne sont pas les gens que vous détestez qui sont la source de vos tracas, mais bien ceux que vous aimez le plus et ce, en raison des liens affectifs qui vous lient. Si vous vous sentez prisonnier des gens que vous aimez, il est temps de prononcer les paroles de libération pour eux.

6. Des choses surprenantes peuvent survenir lorsqu'on commence à réciter les paroles de libération pour s'affranchir d'un lien. Règle générale, la décision de s'affranchir des choses achevées dans sa vie provoque des changements.

7. Vous devez également être prêt à abandonner votre mieux-être lorsque votre évolution ou celle d'autrui l'exige.

8. Lorsque vous réclamez votre libération de l'opinion d'autrui, une bonne partie de vos problèmes peut se résoudre.

9. Tout ce qui engendre un sentiment de lutte et de conflit est faux. Faites ce qui vous procure un sentiment de paix.

10. Enfin, prenez la décision d'être heureux et mettez-vous au travail en égayant votre univers. Déclarez: «*Un Père aimant désire que je sois heureux comme jamais je ne l'ai été!*» Vous serez peut-être étonné des résultats!

Chapitre 6

Le don de croissance et de développement

*L*e mot « croître » signifie « grandir », « grandir progressivement jusqu'au terme du développement normal ».

Vous avez reçu le don de croissance et de développement. Il fait partie du mieux-être illimité qui constitue votre héritage. Lorsque l'on comprend le processus de la croissance, il est plus facile d'accepter son mieux-être et de l'accroître rapidement.

Nous cheminons tous vers la maturité, même si parfois nous l'ignorons. Dès lors que vous vous engagez sur la route de l'esprit et que vous découvrez le pouvoir de la pensée comme moyen de parvenir au mieux-être, vous pouvez accélérer votre croissance. Pour que votre croissance se fasse sans douleur, il est bon de connaître et de comprendre les étapes que vous devrez franchir.

Les trois étapes de votre croissance

Le processus de croissance intérieure ou de développement de votre mieux-être ressemble beaucoup à la croissance physique. Voici les trois étapes fondamentales que l'on franchit durant ce processus :

Premièrement, c'est l'étape où l'on doit planter une semence.

Sur le plan intérieur ou spirituel, cette étape correspond au moment de faire germer l'idée du mieux-être dans votre esprit et vos émotions, afin de préparer sa manifestation dans votre vie. La plupart des idées présentées plus tôt dans ce livre le sont précisément dans ce but.

Cette première étape est une période active pendant laquelle vous agissez. Vous vous affairez à faire germer consciemment l'idée du mieux-être dans votre esprit et vos émotions. Pendant cette période, vous pouvez lire des ouvrages inspirants ou de croissance personnelle. Vous pouvez également prononcer les paroles du mieux-être et nourrir des pensées positives. Vous pouvez aussi planifier l'existence à laquelle vous aspirez en la représentant par des images sur un plan de réussite, ou en dressant une liste.

Durant cette période, il sera sage de suivre des cours pertinents ou de faire des lectures appropriées. Vous pourrez également vous lier avec des gens aux paroles et aux pensées constructives. Vous mettrez Dieu en tête de liste sur le plan financier en donnant sans faillir une dîme pour Ses œuvres, invoquant le nombre « dix, le chiffre magique de l'accroissement ». De toutes les façons possibles, vous étendrez l'idée du mieux-être dans votre vie. Il sera bon également de présenter ces idées aux autres.

En faisant ces choses, vous commencerez à vous sentir consciemment maître de votre existence. Vous sentirez que la croissance spirituelle et matérielle s'installe peu à peu.

Deuxièmement, c'est l'étape où l'on attend que le germe donne ses fruits, en l'occurrence le mieux-être.

Cette deuxième étape est une période où vous attendrez que votre germe – votre idée d'un mieux-être accru – prenne racine, croisse dans l'invisible, puis perce les pensées, les émotions et les conditions coriaces du passé. C'est à ce moment que vous vous rappellerez souvent que *le travail spirituel doit précéder le travail matériel*.

Il peut s'écouler une longue période où vous ne verrez aucun résultat visible dans votre épanouissement, car vous plantez vos racines mentales profondément dans la zone invisible de votre esprit conscient et subconscient.

Cette période est la plus éprouvante du processus de croissance, mais c'est également la plus importante. Beaucoup abandonnent à cette étape. En abandonnant, ils n'avancent plus.

Troisièmement, il y a la dernière étape, celle de la récolte. Les prières sont exaucées, les résultats arrivent. Lorsque cela se produit, vous vous dites: «Comme c'est doux.»

Des trois étapes du processus de croissance, la deuxième est la plus difficile. On dirait qu'il ne se passe rien durant cette période; en réalité, tout est en train de se produire.

Comment surmonter ces périodes de frustration, ces périodes où vous êtes en croissance spirituelle, mais où vous ne voyez aucun résultat matériel?

Comment un homme d'affaires surmonta cette période

Un jour, un homme d'affaires apprit comment surmonter la deuxième étape du processus de croissance, cette étape où rien ne semblait arriver pour lui alors qu'en vérité, tout était en train de se produire.

Il venait d'acheter une nouvelle entreprise située en périphérie de la ville qu'il habitait. Grâce à la dîme, il avait choisi Dieu comme partenaire d'affaires. Il aspirait à prospérer et c'est ce qu'il fit pendant un certain temps. Sa nouvelle entreprise était florissante. Puis soudain, sans raison apparente, les affaires déclinèrent. Tous ses efforts pour faire prospérer son entreprise échouèrent.

Un soir qu'il venait de fermer ses bureaux, il s'assit à sa table de travail pour jeter un coup d'œil aux recettes de la journée. Les résultats étaient si décourageants qu'il pria pour demander conseil.

En prière, il demanda: «Père, où se trouve la vérité dans cette situation?» C'est alors que cette pensée vint: «Le temps est venu de croître, de développer mon existence intérieure.» Cette pensée l'apaisa et un sentiment de paix intense l'envahit.

Élevé sur une ferme, cet homme savait que tout processus nécessitait une période de croissance. Il se rappela que les fermiers doivent planter leurs semences et laisser le temps faire son œuvre parfaite avant de pouvoir récolter.

Il prit conscience que, lui aussi, il avait besoin de temps pour croître. Au cours de cette même soirée, il se mit à faire germer de nouvelles pensées. Il commença par ramasser les recettes de la journée, ainsi qu'un paquet de factures impayées. Il les bénit. Parmi ses factures impayées, il en choisit une qu'il pouvait régler immédiatement et le fit avec joie. Il prit ensuite ce qui restait des recettes de la journée et l'investit dans certains articles qui se vendaient bien et qui se renouvelaient facilement. Il savait que ces articles rapporteraient rapidement.

Au lieu de demander à Dieu d'accélérer le processus, il commença à demander chaque jour conseil pour ses affaires. Il se mit à prier davantage, à moins se plaindre et se presser. Il étudia et médita quotidiennement les possibilités infinies du mieux-être. Il s'apitoya moins sur les problèmes apparents.

De bonnes choses commencèrent alors à se produire. Un client fidèle autrefois réapparut soudain et amena même avec lui de nouveaux clients. Ce genre de chose se produisit encore et encore. Suivant le cours naturel des choses, l'entreprise de cet homme se remit à prospérer. Il se rendit compte par la suite qu'il réussissait beaucoup mieux depuis qu'il avait traversé une période de maturation. Il découvrit que *le processus de croissance prend du temps*. Il récolta les fruits de ses semences en temps opportun, c'est-à-dire seulement lorsqu'il fut prêt à la fois intérieurement et extérieurement.

Ce que cet homme découvrit, nous devons tous le découvrir : pendant les périodes en apparence stagnantes, la croissance spirituelle se fait en premier. Ensuite seulement arrivent la croissance matérielle et l'expansion de nos affaires. Combien de fois avons-nous essayé d'inverser le processus ?

Nous avons peut-être désiré des résultats matériels avant même d'avoir pavé le chemin par le travail spirituel. Tout est beaucoup mieux après une période de maturation, y compris nous-même. Si l'enfant grandit sans toutefois en prendre vraiment conscience, nous devrions manifester le même abandon face au processus de croissance.

Le pouvoir enrichissant de la patience

Né pauvre, un styliste mondialement reconnu gagne aujourd'hui trois millions de dollars par année, et son entreprise génère un revenu de deux cents millions de dollars. Un jour qu'on lui demandait le secret de sa réussite, il répondit: «La patience possède un pouvoir de prospérité. J'ai appris à me détendre, à prendre les choses comme elles viennent, à les intégrer et à en tirer des enseignements. En fonçant avec trop d'agressivité, on risque de faire fuir son mieux-être. Lorsqu'on désire vraiment quelque chose, qu'on accepte de travailler pour l'obtenir et qu'on fait preuve de patience, on l'obtient au moment opportun. Beaucoup de stylistes plus jeunes que moi ont été incapables de percer et ne sont plus dans le métier parce qu'ils étaient trop pressés. Leur impatience leur a bloqué la route du succès.»

Ce conseil donné aux premiers chrétiens garde toute sa pertinence: «Vous le savez: la valeur de votre foi produit la constance; mais que la constance s'accompagne d'une œuvre parfaite, afin que vous soyez parfaits, irréprochables, ne laissant rien à désirer.» (Jacques 1, 4)

La maturation : Une étape indispensable

En ce qui me concerne, j'ai découvert que certaines des bonnes choses qui se produisent aujourd'hui dans ma vie, tant personnelle que professionnelle, sont des grâces qui, selon moi, m'étaient dues depuis plusieurs décennies. Je sais maintenant qu'à l'époque, mes racines n'étaient pas suffisamment enfoncées dans l'invisible pour recevoir ces grâces et les garder. Si elles m'étaient parvenues à ce moment, ces grâces auraient représenté une fausse croissance. J'aurais été incapable de les garder et j'aurais été obligée de recommencer à zéro tout le processus de croissance.

Vous êtes peut-être habitué, par le biais de vos paroles, à réclamer un mieux-être, à l'imaginer et à escompter des résultats instantanés. Peut-être même que vous avez obtenu ces résultats. Vous avez *raison* de croire au « mieux-être instantané » et vous avez *raison* de penser que vous recevrez davantage aujourd'hui que dans le passé. En conditionnant votre esprit aux possibilités offertes par le mieux-être instantané, il est vrai que vous augmentez sans cesse votre mieux-être.

Toutefois, lorsque les résultats ne sont pas à la hauteur de vos attentes, rappelez-vous la deuxième étape de la croissance. Soyez prêt à évoluer vers un mieux-être accru en laissant faire le cours naturel et ordonné des choses. Ne forcez pas votre mieux-être à entrer dans votre vie matérielle ou spirituelle. Autrement, vous risquez de tout perdre. Comme le dit cette vérité pleine de sagesse : « Ce qu'on obtient par la force, on le garde par la force. »

Comment un jeune homme perdit son mieux-être

Un jour, j'eus une discussion avec un jeune homme d'affaires qui croyait avoir l'appel du sacerdoce. À l'occasion d'un repas, j'en discutai avec lui et son épouse. Je n'ai jamais encouragé personne à devenir ministre du culte, aussi ai-je été franche avec eux. C'est un travail exigeant, tant sur le plan physique, mental, affectif, que spirituel. Même si c'est un labeur d'amour, c'est d'abord et avant tout un labeur, et, de surcroît, un des plus exigeants.

J'expliquai donc à ce jeune homme que la plupart des ministres du culte travaillent trop et sont sous-payés. Je lui expliquai que, pour une période de formation équivalente, il pourrait devenir un médecin ou un avocat prospère dont le revenu annuel serait de beaucoup supérieur à celui que pouvait espérer un ministre du culte. Selon certaines estimations, d'ailleurs, si on tenait compte du temps et de l'énergie que la moyenne des ministres consacre à leur travail et qu'on basait les calculs sur le salaire d'un gestionnaire d'entreprise, leur revenu annuel dépasserait 200 000 $ par année! (Pourtant, la majorité des ministres du culte que je connais ne gagnent pas le dixième de ce montant).

Toutefois, j'avais affaire à un jeune représentant de commerce énergique qui avait utilisé avec succès le pouvoir de la pensée dans son travail. Il ne voyait aucune raison de ne pas s'engager immédiatement dans le ministère. «Je n'ai nul besoin de formation», dit-il. «Je suis déjà bon orateur. Je suis prêt à devenir ministre du culte tout de suite, mais "ils" m'en empêchent.»

Je lui dis alors: «Dieu merci qu'"ils" t'en empêchent. Cela tournerait au désastre s'"ils" te laissaient faire.»

Ce jeune homme me fit penser à un arbre tout en feuilles mais sans racines, que la première tempête emporterait.

Je lui suggérai de tempérer son zèle en faisant preuve de compréhension. Lorsque j'essayai de freiner ses ardeurs, il se montra déçu. Il traversait la deuxième étape de la croissance – la période d'attente – et il n'aimait pas ça. Cependant, comme nous tous, il en avait besoin.

Ce jeune homme serait devenu une bien meilleure personne s'il avait traversé cette période de maturation sans opposer de résistance. Malheureusement, il rejetait complètement cette idée. Peu de temps après, il quitta son église pour prendre la tête d'un groupe métaphysique marginal qui mettait l'accent sur la force de l'esprit pour obtenir des résultats.

La dernière fois que j'eus des nouvelles de lui, ce fut par l'entremise de son épouse. Elle me téléphona pour me raconter qu'il était mentalement embrouillé, troublé au point de vue affectif, et physiquement épuisé. Rien de bien étonnant.

On a souvent tendance à se comporter comme ce jeune homme. On essaie de soutirer le meilleur de la vie sans être adéquatement préparé et correctement initié. Lorsqu'on force les portes du paradis, on risque d'enfreindre la loi de la croissance. Et chaque fois que l'on enfreint la grande loi de la croissance, on obtient une réaction négative, qui se manifeste souvent par la confusion et le tourment intérieur. Cette réaction peut cependant être utile si elle nous ralentit et nous permet de cheminer à un rythme plus approprié.

La croissance n'est pas une ligne droite

Voici un des secrets de la fascinante loi de la croissance: votre croissance ne suit pas une ligne droite.

Souvent, les gens s'imaginent la réussite comme une route bien droite que tous doivent emprunter. Pourtant, l'univers ne connaît pas les lignes droites. Tout évolue de façon cyclique, aussi bien dans le temps que l'espace. D'ailleurs, le cercle est le plus vieux symbole de l'univers.

Dans la Grèce antique, on croyait que le progrès survenait en spirale, que l'histoire se répétait sans cesse à un niveau supérieur.

Voici ce que cela signifie pour vous: quel que soit le nombre de détours qui ponctuent votre cheminement, votre croissance se poursuit. Dans la nature, la croissance et le développement ne se font jamais en suivant une ligne droite.

Le philosophe perse, Khalil Gibran, expliquait le processus de croissance dans son livre *Le Prophète*[*]:

« *Car l'âme chemine sur tous les sentiers.*

L'âme ne chemine pas sur une ligne,
ni ne croît comme un roseau.

L'âme se déplie comme un lotus
aux pétales innombrables. »

---

[*] Khalil Gibran, Le Prophète, Casterman, 1956, p. 55.

La croissance ne suit aucune ligne droite. Votre mieux-être se déploie à travers diverses expériences, tel un lotus aux pétales innombrables. Rappelez-vous souvent de ne pas être déçu lorsque votre mieux-être semble ne suivre aucune ligne droite. Demandez seulement le mieux-être auquel vous vous êtes dûment préparé et initié. Rappelez-vous que, si vous forcez les portes du paradis, vous enfreignez la loi de la croissance et vous risquez d'obtenir une réaction violente. Le travail intérieur doit précéder le travail extérieur, alors faites preuve de patience.

Comment surmonter les ténèbres de l'initiation

Une des façons de s'initier à son mieux-être, c'est de faire face aux périodes sombres de votre vie avec sérénité et harmonie, sans opposer de résistance. Ne luttez jamais contre les ténèbres. La croissance se poursuit, laissez-la suivre son cours.

Le plan divin de votre vie peut s'installer aussi bien dans les ténèbres que dans la lumière. Comme la semence, le plan divin de votre vie peut croître aussi bien sous la pluie qu'au soleil.

Ces périodes sombres et difficiles sont nécessaires: elles vous obligent à quitter un état physique statique et à vous faire entrer en croissance mentale et spirituelle. *Si vous obteniez sans effort tout ce dont vous avez besoin, vous stagneriez et vous mourriez.*

En faisant face aux épreuves de la vie et en les surmontant, vous vous élevez continuellement. Le désir de se développer, de croître et d'accroître son mieux-être est inné. Il fait partie de la nature divine de l'être humain. À travers les épreuves de la vie, vous avancez sur le chemin de la croissance en direction de la maturité, de la profondeur d'esprit et de la compréhension.

Le germe de la divinité se trouve en chacun de nous. Les périodes difficiles que vous traversez vous donnent l'occasion de vous recueillir, de réveiller, de stimuler et de développer cette divinité.

Les épreuves de la vie ne sont que des périodes d'initiation à votre mieux-être, sur le plan spirituel avant tout. Les bienveillants desseins que Dieu vous réserve se développent aussi bien dans l'adversité que dans le bonheur. Lorsque vous traversez une épreuve, déclarez souvent: *«Je grandis au même rythme que mon mieux-être. Je chemine au même rythme que mon mieux-être.»*

Lors d'une période sombre, il est temps de jeter de la lumière sur les expériences négatives de la vie. Répétez-vous: *«En jetant de la lumière sur les expériences négatives, elles disparaîtront.»*

Les tournants de la vie: Un signe de croissance

Une célèbre voyante racontait comment sa vie changeait radicalement de direction tous les dix ans. Elle disait qu'après avoir consacré dix années de travail intensif à démontrer scientifiquement ses pouvoirs mentaux extrasensoriels, sa vie prit un tournant. Elle se retrouva alors dans le monde de l'édition pour publier des livres portant sur l'extrasensoriel. Après avoir travaillé dix ans dans l'édition, sa vie s'engagea dans une autre direction. Elle quitta le monde des livres pour voyager de par le monde et donner des conférences sur la parapsychologie.

Cette voyante le comprit: les tournants de la vie sont un signe de croissance. L'équilibre s'installe.

Que faire en attendant la dernière étape du processus de croissance?

Lorsque vous traversez la deuxième étape du processus de croissance – l'étape du travail spirituel – et que vous attendez les manifestations matérielles de votre mieux-être, il est temps de vous rappeler ceci:

En tant qu'être humain en croissance et en évolution, vous vous trouvez là où vous pouvez apprendre et grandir. Lorsque vous apprenez ce que vous avez à apprendre d'une situation donnée, cette situation disparaît et cède la place à une meilleure situation.

Comment tirer le maximum de cette période?

L'autre jour, un article de magazine décrivait un nouveau procédé d'éclairage artificiel qui accélérait la croissance des végétaux. On y expliquait les expériences menées à ce sujet dans une université prestigieuse. L'article s'intitulait «L'incidence d'une lumière différente sur la croissance des végétaux».

Dans le même ordre d'idées, plus vous éclairerez votre vie, plus votre croissance sera rapide. Profitez des périodes lentes de votre vie pour croître. Pendant ces périodes, faites la lumière sur la connaissance, la vérité et la compréhension. Méditez, affirmez et priez souvent. Durant ces périodes, attardez-vous davantage sur la sagesse de l'univers. Baissez les bras. Ayez confiance.

Comment récolter son mieux-être

En procédant de la sorte, vous arriverez à la troisième étape de votre croissance, celle où vous serez exaucé. C'est le temps de la récolte. Lorsque vous le sentez venir, vous pouvez l'aider à se manifester matériellement dans votre vie en déclarant: «*Le travail de mes mains et les plans de ma vie convergent rapidement et dès maintenant vers leur réalisation certaine et parfaite. Je place toute ma confiance dans les actions justes de Dieu. C'est le temps de l'accomplissement divin. Je récolte maintenant mon mieux-être; les miracles se succèdent, les merveilles se produisent sans fin!*»

EN RÉSUMÉ

1. Le mot «croître» signifie «grandir», «grandir progressivement jusqu'au terme du développement normal».

2. Vous avez reçu le don de croissance et de développement. Il fait partie du mieux-être illimité qui constitue votre héritage. Lorsque l'on comprend le processus de la croissance, il est plus facile d'accepter son mieux-être et de l'accroître rapidement.

3. Dès lors que vous vous engagez sur la route de l'esprit, vous pouvez accélérer votre croissance.

4. Le processus de croissance intérieure ou de développement de votre mieux-être ressemble beaucoup à la croissance physique. Voici les trois étapes fondamentales que l'on franchit durant ce processus:

a) La première étape correspond au moment de faire germer l'idée du mieux-être dans votre esprit et vos émotions. Vous vous affairez à enraciner consciemment l'idée du mieux-être dans votre esprit et vos émotions.

b) La deuxième étape est celle où l'on attend que le germe donne ses fruits, en l'occurrence le mieux-être. Le travail spirituel doit alors précéder le travail matériel. Cette période est la plus éprouvante du processus de croissance.

c) Arrive enfin l'étape de la récolte où les résultats arrivent.

5. Pendant la deuxième étape en apparence stagnante, la croissance spirituelle se fait en premier. Ensuite seulement arrivent la croissance matérielle et l'expansion de nos affaires. Combien de fois avons-nous essayé d'inverser le processus?

6. Lorsque vous désirez des résultats matériels avant même d'avoir pavé le chemin par le travail spirituel, rappelez-vous que tout est beaucoup mieux après une période de maturation. Vous êtes beaucoup plus près de votre mieux-être que vous ne le croyez. Il apparaîtra au moment divinement opportun.

7. Vous avez raison de croire au «mieux-être instantané» et vous avez raison de penser que vous recevrez davantage aujourd'hui que dans le passé. En conditionnant votre esprit aux possibilités offertes par le mieux-être instantané, il est vrai que vous augmentez sans cesse votre mieux-être.

8. Toutefois, lorsque les résultats ne sont pas à la hauteur de vos attentes, rappelez-vous la deuxième étape de la croissance. Soyez prêt à évoluer vers un mieux-être accru en laissant faire le cours naturel et ordonné des choses. Ne forcez pas votre mieux-être à entrer dans votre vie matérielle ou spirituelle. Autrement, vous risquez de tout perdre. Enfreindre la loi de la croissance peut provoquer une violente réaction.

9. Ni votre croissance ni votre mieux-être ne suivent une ligne droite. Tout évolue de façon cyclique, aussi bien dans le temps que l'espace. Quel que soit le nombre de détours qui ponctuent votre cheminement, votre croissance se poursuit.

10. Ne luttez jamais contre les ténèbres. La croissance se poursuit même à travers les ténèbres. Aussi, plus vous éclairerez votre vie, plus votre croissance sera rapide. Lorsque vous sentez venir le temps de la récolte, déclarez: «*C'est le temps de l'accomplissement divin.*» Baissez les bras et ayez confiance.

Chapitre 7

Le don d'enrichissement

Le dernier don que je voudrais aborder afin d'ouvrir davantage votre esprit pour recevoir, c'est le don d'enrichissement.

Un «don» est un présent tangible ou intangible que l'on reçoit. Habituellement, il n'exige aucun travail ardu ni effort soutenu de la part de celui qui le reçoit. Au contraire, il peut être offert en témoignage d'amitié, d'affection, d'appréciation ou d'estime.

Le mot «enrichissement» signifie «rendre plus riche ou plus précieux». Tout individu normal ne peut qu'être intéressé par la possibilité de recevoir un tel don: un don qui n'exige pas un travail ardu ou des efforts soutenus, un don qui accroît et multiplie le mieux-être. Quelle délicieuse perspective!

Le secret de l'enrichissement

On estime qu'au cours des dix dernières années, plus de trente millions de personnes ont étudié des méthodes de croissance personnelle. On estime également que 80 % des adultes vivant aux États-Unis sont engagés dans une quête d'épanouissement personnel. Leurs chances de parvenir à cet épanouissement reposent peut-être sur deux éléments: la découverte du secret de l'enrichissement et l'application de ce secret. Il existe une multitude de méthodes pour devenir riche rapidement. Cependant, la plupart de ces méthodes échouent parce qu'elles sont axées sur la nécessité «d'obtenir» – et non sur celle de «donner».

Voici comment fonctionne le secret de l'enrichissement. Pour s'enrichir de façon systématique, il faut commencer par donner de façon systématique, mais d'une manière bien précise: en partageant fidèlement par vos dîmes. Le mot «dîme» signifie «dixième»; dans l'Antiquité, on croyait que «dix» représentait le «chiffre magique de l'enrichissement».

Les dîmes sont ce que vous devez donner *en premier* et de façon impersonnelle, c'est-à-dire séparément de ce que vous dépensez pour vous-même, votre famille, votre travail ou vos amis. Règle générale, ces dons impersonnels sont consentis à des causes religieuses, mais ils peuvent également aller à des causes de nature culturelle, éducative ou humanitaire, selon la croissance spirituelle de chacun (comme expliqué plus loin dans ce chapitre).

L'enrichissement matériel commence lorsque vous donnez systématiquement à l'univers une partie de tout ce que l'univers partage avec vous. Tout comme l'agriculteur retourne à la terre le dixième de ses semences pour enrichir le sol, le don et le partage impersonnels ouvrent la voie à l'enrichissement de tous les aspects de la vie, et ce, pour tous ceux qui se livrent fidèlement à cette pratique.

Pourquoi?

Parce que le Père aimant et le riche univers sont heureux de multiplier votre mieux-être comme gage universel d'amour, de reconnaissance et d'estime. *L'univers bienveillant veut toujours améliorer ce que vous avez déjà de mieux. Le Père aimant veut toujours que vous soyez plus heureux et plus prospère que jamais.* Le Créateur de cet univers somptueux ne veut pas vous voir mener une existence de mendiant, alors même que vous devriez être un roi. En tant qu'être spirituel créé à l'image et à la ressemblance de Dieu, toutes ces bénédictions vous reviennent de droit. En donnant fidèlement et généreusement de façon impersonnelle, vous mettez votre conscience au diapason de l'abondance universelle et, par le fait même, vous vous placez en position pour recevoir ses riches présents. Tel est le secret de l'enrichissement.

Comment il doubla son revenu en une seule année

Un homme d'affaires avait trimé dur pendant longtemps dans son domaine d'activités, sans jamais parvenir à la réussite et à la prospérité auxquelles il croyait avoir droit. Il avait suivi différents cours sur la réussite, qui l'avaient tous aidé temporairement. Mais la réussite permanente lui échappait. Aussi, lorsqu'il entendit parler d'un séminaire portant sur la prospérité par le don systématique, il décida d'essayer cette méthode.

Il commença alors à donner chaque semaine le dixième de son revenu brut à l'église qui lui avait enseigné ce principe de prospérité. Tous les samedis matin, une fois sa semaine de travail terminée, il comptait ce qu'il avait gagné et faisait un chèque au montant de sa dîme, et ce, *avant* de s'acquitter de ses autres obligations financières. En moins d'un an, son revenu doubla! Cet homme n'avait rien changé dans sa vie professionnelle, à part cette habitude de verser le dixième de son revenu à cette église, dont il était d'ailleurs devenu membre.

Aux dernières nouvelles, l'enrichissement de cet homme ne s'est pas arrêté là: il a remboursé son hypothèque, acheté un immeuble pour loger son entreprise et pris des vacances pour la première fois depuis des années. Selon ses dires: «La dîme est synonyme de réussite sur tous les plans.»

Comment fonctionne le secret de l'enrichissement

La plupart du temps, ce sont les gens éclairés qui donnent de façon systématique en versant régulièrement une dîme pour les œuvres de Dieu qui leur prodiguent aide et inspiration spirituelles. Comme je le disais précédemment, le mot «dîme» signifie «dixième». Non seulement les Hébreux de l'époque biblique, mais aussi toutes les grandes civilisations et cultures, croyaient que «dix» était «le chiffre magique de l'enrichissement». Ce pouvoir de prospérité, ils l'invoquaient en versant au moins le dixième de tous leurs gains aux prêtres et aux lieux de culte.

Les peuples de l'Antiquité, notamment les Égyptiens, les Babyloniens, les Perses, les Arabes, les Grecs, les Romains et les Chinois, pratiquaient cette méthode particulière du don. En fait, *toutes les nations, même les plus anciennes et les plus isolées, versaient des dîmes.*

Si les Hébreux de l'Ancien Testament devinrent une des nations les plus riches de l'histoire, c'est parce qu'ils donnaient toujours en premier ce qu'ils avaient de meilleur, plutôt que de donner en dernier ce qu'ils avaient de moins bon. Voilà ce qui les rendit riches! Jamais ils ne se plaignirent de leurs dons somptueux et jamais ils ne renièrent leur généreuse pratique de la dîme. Le paiement de la dîme leur apporta toujours la paix et l'abondance. Pour ceux qui continuent de nos jours à partager le dixième de leurs revenus et biens de cette façon particulière, «dix» reste le «chiffre magique de l'enrichissement».

Les premiers millionnaires américains

Une bonne partie des premiers millionnaires américains utilisèrent cette méthode de prospérité et affirmèrent qu'elle avait été la clé de leur richesse. Parmi ceux-ci figurent Colgate, Heinz, Kraft et Rockefeller. Le célèbre et controversé John D. Rockefeller, par exemple, avait fait de la dîme une habitude de vie, *et la dîme systématique précéda son immense richesse.*

On a souvent raconté qu'en 1885, il versa une dîme équivalant à 10% de son revenu total de 95 $. L'année d'après, sa dîme de 9,50 $ passa à 28,37 $. Par la suite, sa dîme passa à 72,22 $, à 107,35 $, puis à 671,85 $. Cinq ans plus tard, sa dîme annuelle totalisait 5 489,62 $ et elle resta à ce niveau pendant les 10 années suivantes. Puis, en 1878, elle grimpa à 23 458,65 $. Elle doubla en 1881, puis doubla encore en 1884, totalisant maintenant 119 109,48 $. En 1887, sa dîme dépassa le quart de millions de dollars, pour ensuite atteindre le chiffre magique d'un million de dollars en 1890.

John D. Rockefeller croyait que le devoir suprême de l'être humain était de gagner de l'argent, puis de le donner. Il disait: «L'homme doit gagner le plus possible, puis donner le plus possible.» *Entre 1855 et 1934, on rapporte qu'il donna 532 millions de dollars.* Un des grands secrets de sa réussite réside dans le fait qu'il reconnaissait Dieu comme la source de son approvisionnement et qu'il Le plaçait en tête de liste sur le plan financier. Lorsqu'on essayait de critiquer sa fortune, monsieur Rockefeller répliquait invariablement: «C'est Dieu qui m'a donné tout cet argent.» Il légua le secret de sa réussite à sa famille et, de 1917 à 1959, John D. Rockefeller fils donna 474 millions de dollars. La philanthropie permanente des Rockefeller est aujourd'hui légendaire.

Si la réussite des Rockefeller vous semble disproportionnée par comparaison avec la vôtre, permettez-moi de vous raconter l'expérience de gens ordinaires qui versent des dîmes.

Comment une femme remboursa sa dette

Lorsque vous considérez la perspective de donner impersonnellement le dixième de votre revenu, vous vous dites peut-être que l'univers ne vous a pas encore enrichi suffisamment pour vous donner les moyens de verser une telle dîme. Rassurez-vous, l'univers vous a déjà comblé de présents intangibles: la vie, la force spirituelle et les talents, des présents qui peuvent commencer à enrichir concrètement votre vie. *Plus vous partagez avec l'univers, plus vous ou-*

vrez votre esprit pour recevoir, plus vous apprendrez comment mettre à profit vos talents et vos aptitudes et, par le fait même, comment enrichir votre existence.

Un jour, une femme d'affaires aux prises avec une dette assez importante apprit qu'elle pouvait se débarrasser de sa dette en versant une dîme. Elle se dit qu'il était raisonnable de croire *que le refus de contribuer au trésor divin entrave le flot de la substance dans son propre trésor*. Devant tous ses problèmes d'argent, elle se mit donc à verser une dîme.

Deux ans plus tard, elle avait remboursé sa dette et, pour la première fois de sa vie, elle avait réussi à faire des économies. Pour célébrer cet accomplissement, elle prit des vacances pour la première fois depuis longtemps. Plus tard, cette femme affirma: «Ma chance a tourné lorsque j'ai commencé à donner priorité à Dieu sur le plan financier. *Ceux qui versent fidèlement leurs dîmes prospèrent.*»

La découverte que fit un comptable

Les comptables ont la réputation d'être très prudents. Leur travail consiste à aider leurs clients à garder leur argent, et non à le gaspiller. Pourtant, un expert-comptable de Los Angeles m'a dit récemment: «J'ai constaté que les clients qui prospèrent sont ceux qui versent une dîme. Leurs revenus augmentent sans cesse, année après année. Lorsqu'un de mes clients traverse une période difficile et ne prospère pas, je constate qu'il ne fait jamais partie de ceux qui versent une dîme.»

Pourquoi leur revenu diminua?

Un musicien qui travaillait pour l'orchestre symphonique de Philadelphie croyait profondément à la dîme, mais c'était sa femme qui gérait leurs finances. Il lui avait demandé de verser régulièrement le dixième de leurs revenus bruts. En préparant leur déclaration de revenus, leur comptable fit cependant une découverte qui surprit le musicien: leurs revenus avaient diminué de 3 000 $ par rapport à l'année précédente. C'était à n'y rien comprendre, car le musicien et son épouse avaient travaillé sur une base régulière toute l'année.

Abordant le sujet avec sa femme, il se décida à lui demander: «As-tu versé sous forme de dîme le dixième de notre revenu total cette année?

– Non, je ne l'ai pas fait», admit-elle d'une voix hésitante. «Comme il a fallu payer les frais de dentiste pour les enfants, j'ai pensé que nous n'avions pas les moyens de verser toute la dîme.

– Quel montant as-tu retenu sur la dîme?», demanda-t-il.

– 300 $», répondit-elle.

– Cela explique pourquoi notre revenu a diminué de 3 000 $ cette année», conclut-il.

Sa femme se jura de toujours verser entièrement leur dîme.

La pensée prospère ne suffit pas

Un jour, j'appris une précieuse leçon grâce à deux secrétaires. L'une d'elles étudiait la pensée prospère. Par conséquent, il semblait naturel de penser qu'elle était la plus prospère des deux, n'est-ce pas? Eh bien, ce n'était pas le cas. Cette secrétaire croyait que la seule puissance de l'esprit pouvait l'aider à surmonter ses problèmes et à réussir. Inutile de verser une dîme, pensait-elle. Pourtant, elle n'obtenait ni les augmentations de salaire, ni les promotions que l'autre secrétaire recevait. Elle se demandait sans cesse pourquoi.

Quant à la deuxième secrétaire, elle était membre d'une église traditionnelle qui axait son enseignement sur les « feux de l'enfer et de la damnation ». Inutile de dire que cette femme avait une pensée négative. Toutefois, elle versait une dîme parce que son église l'exigeait.

Quoi qu'il en soit, en plaçant Dieu en tête de liste sur le plan financier, elle semblait s'élever spirituellement et échapper à la loi de la cause et de l'effet, de sorte que même ses pensées négatives n'entravaient pas son mieux-être. Son mari et elle étaient des gens « bien établis ». Leurs avoirs incluaient une maison spacieuse, plusieurs voitures, une police d'assurance-vie et des rentes annuelles, des immeubles de rapport et un compte d'épargne bien garni.

Lorsque la secrétaire adepte de la pensée positive prit conscience que le pouvoir de la pensée ne suffisait pas, ce fut un choc pour elle. Peu de temps après, elle se mit à verser une dîme. On lui offrit un meilleur emploi qui lui permit de quitter l'atmosphère négative de son emploi précédent et de travailler dans un environnement de travail plus harmonieux et plus prospère. Cette secrétaire démontre que *celui ou celle qui ose partager le dixième de ses avoirs aura une vie dix fois plus facile.*

La fascination du public pour le principe de la prospérité

De tous les principes de prospérité sur lesquels j'ai écrit au cours des dernières décennies, c'est le pouvoir de la dîme qui revient le plus souvent dans le courrier que je reçois. J'éprouve un immense plaisir de voir à quel point les gens désirent en savoir davantage sur la dîme et son pouvoir de prospérité.

Malheureusement, on met trop souvent l'accent sur les offrandes volontaires, une méthode qui consiste à donner et à partager de façon sporadique. On n'enseigne pas correctement la méthode de la Bible, qui consiste à donner en versant systématiquement une dîme. En soi, la méthode de l'offrande volontaire n'a rien de mauvais, mais elle ne suffit pas à aider une personne à développer une conscience stable de la prospérité. Lorsque l'on donne de façon sporadique, on reçoit de façon sporadique. L'offrande volontaire était accessoire durant l'époque biblique; elle s'ajoutait à la dîme. « En toute dîme de gros et de petit bétail, sera chose consacrée à Yahvé le dixième de tout ce qui passe sous la houlette. » (Le Lévitique 27, 32)

Comme je le fais remarquer dans mon livre *The Millionaires of Genesis*, Jacob est devenu millionnaire après avoir conclu une alliance de la réussite avec Dieu, selon laquelle il prenait l'engagement suivant: « Et cette pierre que j'ai dressée comme une stèle sera une maison de Dieu, et de tout ce que tu me donneras je te payerai fidèlement la dîme. » (Genèse 28, 22)

Comment calculer la dîme

À proprement parler, la dîme biblique représentait « le dixième de tout » (Genèse 14, 20). Si vous n'êtes pas encore prêt à verser une dîme calculée à partir de votre revenu brut, peut-être serez-vous disposé à la verser à partir de votre revenu net? De toute façon, vous devrez invoquer «dix, le chiffre magique de l'enrichissement». Le versement d'une dîme est un acte de foi qui, en faisant circuler la riche substance de l'univers, vous assure une grande prospérité et un enrichissement spirituel et matériel par des moyens qui vous semblaient impossibles.

La dîme libère une force mystique qui vous fait prospérer. N'essayez pas de comprendre cette force. Il est impossible de comprendre un miracle, comme il est impossible de comprendre le pouvoir miraculeux de la dîme. C'est un acte de foi qui amène la prospérité. Lorsque vous versez une dîme de façon systématique et avant même de payer toute autre chose (vos factures et vos autres obligations financières), vous découvrez que les 90 % restants de votre revenu vont beaucoup plus loin. Vous recevrez également de l'aide de façons multiples et imprévues. *Lorsque la dîme devient une habitude, vous n'oubliez jamais de la verser. Seule la dîme vous procurera un tel sentiment de sécurité, de protection et de direction.*

Comment un homme d'affaires fit la fortune de son église

À une époque où il n'y avait pas suffisamment d'argent pour soutenir une église du Texas faisant œuvre de pionnière, un des citoyens les plus fortunés de la communauté accepta de devenir son trésorier. Seule condition: pendant une année, il aurait carte blanche quant à la gestion des finances de cette église.

Pendant cette année-là, la petite église connut une croissance sans précédent. À la fin de l'année, en dépit du paiement de toutes les factures, il resta un gros surplus d'argent. Lorsqu'on demanda au trésorier d'expliquer ce miracle financier, il répondit: «C'est très simple. Je suis un homme d'affaires et la plupart des membres de cette église sont mes clients. Chaque fois que j'ai fait des affaires avec un de ces membres, je lui ai facturé un supplément de 10% à titre de dîme que je versais ensuite à l'église. Si ce ministère est aujourd'hui prospère comme jamais auparavant, c'est grâce aux dîmes de ses membres, qui ne savaient même pas qu'ils versaient une dîme... alors *ils n'ont jamais manqué un versement.*»

Votre réussite dépend aussi du bénéficiaire de votre dîme

Le *bénéficiaire* de vos dons est important dans votre réussite. Il est sage de verser vos dîmes à votre source d'aide et d'inspiration spirituelle: église de votre choix, ministre du culte, professeur, praticien ou conseiller spirituel. Vos dîmes enrichissent l'organisation ou l'individu qui les reçoivent et les libèrent de tous tracas financiers. Ainsi dégagés des préoccupations matérielles qui peuvent être un fardeau, ils sont alors en mesure de remplir leur noble mission qui consiste à élever spirituellement l'humanité.

Voilà qui explique peut-être pourquoi Yahvé demanda à Moïse de ne *rien* donner de la Terre Promise à la tribu des prêtres d'Israël. (Josué 13, 33); (Nombres 18, 21-24); (Deutéronome 14, 27). *Les prêtres d'Israël devinrent millionnaires grâce aux dîmes versées par les onze autres tribus, conformément à la loi de Moïse.* En retour, la tribu d'Israël versait aux lieux de culte une «dîme de la dîme», appelée «prélèvement de Yahvé». (Nombres 18, 26-29). De cette manière, les besoins des prêtres et des lieux de culte étaient amplement satisfaits.

Libérés de toute préoccupation matérielle, ces prêtres, les leaders spirituels d'Israël, purent développer et répandre une conscience de prospérité dont bénéficièrent tous leurs fidèles pendant plusieurs siècles à venir. Une conscience de prospérité collective se développa au cours de cette période de l'histoire hébraïque, et elle existe toujours aujourd'hui. Quelqu'un a déjà dit: «Un juif peut faire davantage accidentellement qu'un païen intentionnellement.» Tout cela commença il y a des siècles, avec l'habitude de verser une dîme.

Qu'en est-il du don de charité?

Les dons versés à des œuvres de charité ou à des événements communautaires sont-ils équivalents aux dîmes? À proprement parler, non. Pour les individus éclairés qui sont en période de croissance spirituelle, la plus haute forme de philanthropie consiste à donner à des causes ou à des particuliers spirituellement éclairés. Les Hébreux de l'Ancien Testament devinrent riches en donnant impersonnellement leur *première* dîme à leurs prêtres et à leurs lieux de culte. (Lévitique 27, 20-33); (Nombres 18, 21-24); (Deutéronome 14, 22-27). Leur *deuxième* dîme était une dîme annuelle (Deutéronome 14, 6-7). Enfin, leur *troisième* dîme était une dîme triennale (Deutéronome 14, 28-

29). Ils donnaient également les « premiers fruits » de leurs récoltes et beaucoup d'autres offrandes. La dîme était également une pratique obligatoire à l'époque de Jésus et à celle des premiers chrétiens.

Si vous donnez plus que le dixième, vous êtes d'autant plus libre de donner vos deuxième et troisième dixièmes à la cause charitable ou humanitaire de votre choix. Toutefois, le premier dixième devrait habituellement être versé à une œuvre spirituelle (ou à ses artisans) dont vous appuyez la philosophie et qui aide et élève spirituellement l'humanité.

Bien entendu, pour ceux qui n'ont aucun penchant ou intérêt spirituel, il est tout à fait louable de donner à des causes charitables, culturelles, éducatives ou humanitaires. Cette forme de don constitue même un grand pas en avant dans le développement d'une conscience de prospérité et dans la croissance de l'âme. Sans compter que le bénéficiaire de ces dons en profite de son côté. Toutefois, conformément aux lois ancestrales de la dîme, cette forme de don reste secondaire.

Il faut demander conseil à Dieu avant de donner

Il est important de prier avant de donner. Demandez au Père aimant de vous dire *à qui* donner vos dîmes; Il guidera votre don. Ainsi, toutes les personnes concernées (celle qui donne et celle qui reçoit) seront bénies, prospéreront et s'élèveront spirituellement. Votre pratique de la dîme évoluera, croîtra et changera au même titre que vous, ouvrant ainsi la voie à une prospérité sans cesse grandissante!

La dispersion de vos dîmes risque de disperser vos résultats

L'un des manquements les plus courants de la part des gens qui versent des dîmes, c'est la tendance à éparpiller leurs dîmes en contribuant à trop de causes à la fois. La dispersion des dîmes tend à donner des résultats dispersés et inefficaces, à la fois pour le donneur et le bénéficiaire. Comme il existe un très grand nombre de causes qui souffrent du manque d'argent, le versement d'une dîme généreuse à une seule cause peut représenter une véritable «manne tombée du ciel» pour cette cause et lui assurer la stabilité financière. En revanche, lorsque l'on donne une petite dîme à plusieurs causes, on n'aide vraiment aucune de ces causes. Si vous souhaitez obtenir des résultats importants dans votre propre vie, n'hésitez pas à verser une dîme généreuse à seulement une ou deux causes. De même, ne craignez pas de «trop» donner au bénéficiaire de votre don. Il n'y a rien à craindre de ce côté! (Sans compter que la peur de trop donner représente une pensée limitative pour toutes les personnes concernées).

Le pouvoir de prospérité du secret et de la libération

Au bord de la colère, un homme d'affaires se plaignait: «Pourquoi est-ce que je ne prospère pas? J'ai versé en dîmes presque cinquante pour cent de mon revenu l'an dernier. Je suis aujourd'hui ruiné et aucune des églises qui ont reçu mes dîmes ne veut m'aider maintenant.» Sans le savoir, cet homme a probablement transgressé deux lois de la prospérité: celle du secret et celle de la libération.

Les mots «sacré» et «secret» ont une racine commune. Nos dons sont sacrés, aussi doivent-ils demeurer secrets. Peu importe les montants en jeu, il est toujours sage de donner discrètement sans chercher à y faire référence par la suite. Lorsqu'on donne des dîmes importantes, il faut les libérer au point de vue émotif. Tant que l'on ne se sent pas détaché de ces dîmes, il faut continuer à les libérer. De toute façon, on ne devrait éprouver aucun sentiment de possession à l'égard des dîmes, quel que soit le montant qu'elles représentent, car tout ce que nous recevons nous vient de Dieu et ne nous appartient pas de façon permanente. Lorsque l'on donne une dîme, on ne fait que redonner à Dieu une partie de ce qu'Il nous a déjà donné.

De plus, il vaut mieux donner le dixième de façon systématique et en toute liberté, que donner de grosses sommes de façon sporadique et sans y renoncer. La dîme n'est pas une méthode pour devenir riche «du jour au lendemain» et par laquelle on obtient de force notre mieux-être. «Tout vient à point à qui sait attendre». Au contraire, l'acte de verser une dîme participe au processus de croissance qui permet à une personne d'évoluer pour donner davantage (et recevoir davantage).

Si vous vous sentez contrarié par un don que vous avez fait, il vous faut pratiquer la libération. Si vous donnez et que vous demandez ensuite quelque chose au bénéficiaire de votre don, c'est en quelque sorte un «pot-de-vin» que vous avez donné, non une dîme. La personne consciencieuse ne donne pas une dîme pour épater la galerie ou pour se faire de la publicité. De même, le bénéficiaire de la dîme doit lui aussi rester discret au sujet des dons reçus. Sinon, on risque de dissiper son mieux-être et de le «faire fuir». Les Anciens le savaient: le secret et la libération possèdent un pouvoir de prospérité.

Conclusion:
Une promesse d'heureux lendemains

Le mot «prospérer» signifie à la racine «intégralité». C'est ce que Malachie promit dans le dernier livre de l'Ancien Testament à ceux qui versaient des dîmes. Il affirma que la *dîme constitue le meilleur investissement à long terme dans la réussite d'une vie, et aussi l'investissement le plus satisfaisant pour l'âme.*

Parmi les nombreuses promesses bibliques faites à ceux qui versent leurs dîmes, celles qui illustrent le mieux ses immenses bienfaits proviennent de Malachie:

Premièrement, il décrivit la cause des problèmes de celui qui ne verse aucune dîme:

> «Depuis les jours de vos pères, vous vous écartez de mes prescriptions et ne les gardez pas. Revenez à moi et je reviendrai à vous! déclare Yahvé Sabaot. – Vous dites: Comment reviendrons-nous? – Un homme peut-il tromper Dieu? Or vous me trompez! – Vous dites: En quoi t'avons-nous trompé? – Quant à la dîme et aux redevances. La malédiction vous atteint: c'est que vous

me trompez, vous la nation dans son entier.» (Malachie 3, 7-9)

Deuxièmement, il décrivit les abondantes faveurs accordées à celui qui verse une dîme:

«Apportez intégralement dîme et redevances au trésor, pour qu'il y ait de la nourriture chez moi. Et mettez-moi ainsi à l'épreuve, déclare Yahvé Sabaot pour voir si je n'ouvrirai pas à votre intention les écluses du ciel et ne répandrai en votre faveur la bénédiction en surabondance.» (Malachie 3, 10)

Troisièmement, il promit la protection divine à celui qui verse une dîme:

«En votre faveur, je tancerai le criquet pour qu'il ne vous détruise pas les fruits du sol, et que pour vous la vigne ne soit pas stérile dans la campagne, déclare Yahvé Sabaot.» (Malachie 3, 11)

Quatrièmement, il promit bonheur et prestige universel à celui qui verse une dîme:

«Toutes les nations vous déclareront heureux, car vous serez une terre de délices, dit Yahvé Sabaot.» (Malachie 3, 12)

Note de l'auteure

Grâce aux généreuses dîmes qu'ils ont versées au fil des ans, mes lecteurs m'ont aidée à fonder trois nouvelles églises – la plus récente étant un ministère mondial, l'église non confessionnelle *Unity Church Worldwide*, dont le siège social est à Palm Desert en Californie. Je vous remercie, chers lecteurs, de l'aide que vous m'avez apportée dans le passé et de tout ce que vous continuez de partager avec moi.

Je vous invite également à verser une dîme à l'église de votre choix, et tout particulièrement à celles qui enseignent les vérités contenues dans ce livre. Votre appui à ces églises peut contribuer à répandre la vérité prospère à laquelle aspire l'humanité en ce nouvel âge de lumière.

EN RÉSUMÉ

1. Pour s'enrichir de façon systématique, il faut commencer par donner de façon systématique, mais d'une manière bien précise: Les dîmes sont ce que vous devez donner *en premier* et, de façon impersonnelle, c'est-à-dire à part de ce que vous dépensez pour vous-même, votre famille, votre travail ou vos amis.

2. En donnant fidèlement et généreusement de façon impersonnelle, vous mettez votre conscience au diapason de l'abondance universelle et, par le fait même, vous vous placez en position pour recevoir ses riches présents. Tel est le secret de l'enrichissement.

3. Le mot «dîme» signifie «dixième». Toutes les grandes civilisations et cultures croyaient que «dix» était «le chiffre magique de l'enrichissement». Ce pouvoir de prospérité, ils l'invoquaient en versant au moins le dixième de tous leurs gains aux prêtres et aux lieux de culte.

4. Toutes les nations, même les plus anciennes et les plus isolées, versaient des dîmes. Le paiement de

la dîme leur apporta toujours la paix et l'abondance.

5. Le chiffre dix est encore «le chiffre magique de l'enrichissement» pour ceux qui versent le dixième de leurs avoirs à des causes religieuses et de bienfaisance. Le versement d'une dîme est un acte de foi qui, en faisant circuler la riche substance de l'univers, vous assure une grande prospérité.

6. La plupart du temps, ce sont les gens éclairés qui donnent de façon systématique en versant régulièrement une dîme pour les œuvres de Dieu qui leur prodiguent aide et inspiration spirituelles.

7. Une bonne partie des premiers millionnaires américains ont attribué leur réussite à leur habitude de verser une dîme. La dîme systématique que versa John D. Rockefeller, par exemple, précéda son immense richesse.

8. Il existe une multitude de méthodes pour devenir riche rapidement. Cependant, la plupart de ces méthodes échouent parce qu'elles sont axées sur la nécessité «d'obtenir» – et non sur celle de «donner». Elles n'ont aucun fondement spirituel. Lorsqu'une personne garde ce qui appartient à l'univers, elle déséquilibre sa vie. C'est seulement en laissant aller notre petitesse que l'on peut accroître son existence.

9. Le Père aimant et le riche univers sont heureux de multiplier votre mieux-être comme gage universel d'amour, de reconnaissance et d'estime. Le Père aimant veut toujours que vous soyez

plus heureux et plus prospère que jamais. En tant qu'être spirituel créé à l'image et à la ressemblance de Dieu, toutes ces bénédictions vous reviennent de droit.

10. Si les Hébreux de l'Ancien Testament devinrent une des nations les plus riches de l'histoire, c'est parce qu'ils donnaient toujours en premier ce qu'ils avaient de meilleur, plutôt que de donner en dernier ce qu'ils avaient de moins bon. Voilà ce qui les rendit riches! Jamais ils ne se plaignirent de leurs dons somptueux et jamais ils ne renièrent leur généreuse pratique de la dîme.

11. L'offrande volontaire était accessoire durant l'époque biblique; elle s'ajoutait à la dîme. La dîme était également une pratique obligatoire à l'époque de Jésus et à celle des premiers chrétiens.

12. Il est important de prier avant de donner. Demandez au Père aimant de vous dire *à qui* donner vos dîmes; Il guidera votre don.

13. La pensée prospère ne suffit pas. Celui ou celle qui ose partager le dixième de ses avoirs aura une vie dix fois plus facile.

14. On ne devrait éprouver aucun sentiment de possession à l'égard des dîmes que l'on verse, car tout ce que l'on possède nous vient de Dieu. Lorsque l'on donne une dîme, il vaut mieux l'accorder et ne pas en parler. Le bénéficiaire de la dîme devrait lui aussi rester discret. Le secret et la libération possèdent un pouvoir de prospérité.

NOTES

NOTES

NOTES

NOTES

NOTES

NOTES

☐ Oui, faites-moi parvenir le catalogue de vos publications et les informations sur vos nouveautés

☐ Non, je ne désire pas recevoir votre catalogue mais seulement les informations sur vos nouveautés

OFFRE SPÉCIALE

OFFRE SPÉCIALE

OFFRE D'UN CATALOGUE GRATUIT

Nom: _____

Profession: _____

Compagnie: _____

Adresse: _____

Ville: _____ Province: _____

Code postal: _____

Téléphone: (____)_____ Télécopieur: (____)_____

DÉCOUPEZ ET POSTEZ À:

Pour le Canada: Les éditions Un monde différent ltée
3925, Grande-Allée, Saint-Hubert,
Québec, Canada J4T 2V8

Pour la France: JLV
Boîte postale 94
77402 LAGNY sur MARNE (France)